Fotografia en guerra

La fotografia i la Guerra Civil Espanyola:
entre el sorprès testimoni i la militant propaganda

Francesc-Xavier Soria Jofra

Vet aquí com l'ànima mai no fa una intel·lecció sense el concurs d'una imatge.

Aristòtil. *De anima*

Índex

0· Introducció

Aquest treball tenia la voluntat d'assolir amb certa solvència tot el reguitzell d'objectius que es van formular fa força mesos. El primer de tots aquells objectius era, més que fer un estat de la qüestió, ressituar la fotografia que es va fer durant els anys de la Guerra Civil Espanyola (d'ara en endavant escrit amb l'acrònim GCE) i estudiar-la "dintre" de la història. D'estudis sobre on s'ha interrelacionat fotografia i guerra civil se n'han fet, però gairebé sempre des d'altres disciplines que pivoten en l'àmbit de les Ciències de la Comunicació o de la Història de l'Art, cosa que fa que els manqui tot sovint una mena de crítica epistemològica adequada a las fonts que ens ocupen. En aquell escrit que vaig elaborar fa 10 mesos afirmava –crec que encertadament– que *el tractament de les imatges com a rotund element d'arxiu és i sempre serà relatiu. És a dir: donar la preeminència a les imatges com a mitjà per explicar aspectes històrics de la Guerra Civil obligarà a tenir unes regles lògiques d'explicació –una tautologia– necessàriament flexible* i a més em vaig fer una sèrie de preguntes amb les quals volia iniciar aquest treball de recerca. Copiaré literalment allò que vaig escriure: *Cal saber i ponderar la veritable qualitat i el veritable caràcter de les nostres fonts icòniques. Són fotografies professionals? Amateurs? Com coexisteixen les unes amb les altres? Com pot ser que coexisteixin? Que implicarà una major producció fotogràfica i una major atomització de les imatges del conflicte? Es pot enllaçar el discurs fotogràfic espanyol en un marc europeu més ampli? Quines van ser les relacions entre fotògrafs locals i forans? Quina va ser la sort ulterior dels fotògrafs? Segueixen els fotògrafs dels dos bàndols un mateix corrent plàstic? I un mateix corrent ètic? És el pes del compromís el mateix? Que implicarà la victòria d'un bàndol sobre l'altre en el petit camp intel·lectual dels moderns "bruixots químics" que treballaven des de feia més d'un segle de la invenció de la fotografia un discurs sense grafies?* Reescrivint –un cop més– aquesta introducció després d'haver fet el treball d'arxiu amb tota una selecció de fotografies analitzades i després d'haver elaborat tot l'embolcall conceptual necessari per escometre aquesta tasca considero que les següents planes serviran per resoldre algunes d'aquelles preguntes. Amb tot –i els sóc ben sincer– no em queda més remei que advertir-los que en alguns aspectes de les conclusions n'apareixen menys que no pas nous dubtes originats pel mateix treball de recerca. Per exemple no he pogut confirmar de forma rotunda tot allò que sospito que passa respecte a la fotografia d'autor en aquest període concret de la GCE. Això succeeix perquè en els fons fotogràfics consultats (tant a l'Arxiu Fotogràfic de Barcelona com a l'Arxiu Nacional de Catalunya) no em va aparèixer gaire volum de fotografies, diguem-ne, casolanes, d'autor aficionat, com tampoc no em va aparèixer un volum extraordinari (a les capses del fons de reserva) de fotografies fetes per professionals reconeguts (dels quals he de dir que es ressent massa el vessant propagandístic imposat –en la majoria dels casos– des del poder polític). En altres paraules, i referint-me al títol del treball: sí que he pogut copsar *la militant propaganda*, però no tant *el sorprès testimoni*.

En aquell primer guió de treball afirmava que tot i la ideologització general del període, hi va haver molts fotògrafs amb una determinada postura fotogràfica que anava més enllà de l'ús propagandístic. Literalment deia que *més enllà dels mecanismes de difusió i propaganda, el treball fotogràfic era en primer lloc l'expressió de la creativitat d'un personatge concret –el fotògraf– que s'emmarca tot sovint en una tradició iconogràfica particular.* I crec que no vaig errar. La seva postura era –en general– molt menys inflexible i molt menys virulenta que en d'altres disciplines, en especial aquelles que s'escriuen. Encara crec en les meves paraules i considero que un treball d'aquest tipus realitzat sobre un volum d'informació fotogràfica sensiblement superior podria demostrar-ho amb escreix.

Per descomptat hi va haver excelsos *idealistes sota les bales*[1] no només amb quadern i ploma sinó també darrere d'una càmera, que van concebre l´ús de la imatge com a arma propagandística. Els fotògrafs van estar sovint al front bèl·lic arriscant la vida (i en alguns casos això de lluitar no és un metàfora[2]), i no ho feien simplement per informar el món de la barbàrie de la guerra. Tanmateix també és cert que per a un munt de gent que tenia una simple càmera i la feia servir sense cap mena de pretensió professional, la vida i tot allò que realment en valia la pena no pivotava sobre els grans eixos polítics –extrems i messiànics– que s'oferien a les masses. En aquest sentit cal remarcar que l'actitud de molts d'aquells fotògrafs *amateurs* davant d'aquell conflicte era contemplar els canvis sociopolítics del seu entorn *protegits* darrere del visor de la seva càmera. D'aquesta manera es va anar creant –afortunadament per a l'historiador– tot un *corpus* documental del qual tan sols una part va sobreviure i que ara és el que reposa en diferents arxius públics i privats. Avui en dia, des de diferents sectors, la conservació d'aquests fons documentals fotogràfics és el que s'intenta assegurar, així com procurar de rellançar el seu innegable valor documental[3] malgrat la prolongada deixadesa oficial.[4]

---

[1] En referència a el llibre homònim de Paul Preston. PRESTON, P.: *Idealistas bajo las balas*. Debate, 2007.

[2] El jove i prometedor fotògraf Nicolás Leukona va morir en un bombardeig a Frúniz (Biscaia) el 1937, poc després d'haver estat a la batalla de Madrid com a portalliteres.

[3] En referència a la taula rodona celebrada el juny de 2011 al Col·legi de Periodistes sobre els fons

Deixadesa que inclouen barroeres decisions polítiques respecte a determinats arxius (i a tall d'exemple em remeto a la tramesa, el desembre de 2009, dels dotze mil negatius d'Agustí Centelles al *Centro Documental de la Memória Histórica* [5] –altrament conegut com a *Arxivo General de la Guerra Civil* de Salamanca– cosa que sincerament dubtem que hagués agradat al cèlebre fotògraf valencià, el qual es presentava públicament com a català [6]).

Deixant de banda aquestes polèmiques val a dir que realitzar aquest treball de recerca ha significat constatar i acceptar que el temps passa sobre les obres històriques i que la mateixa remor ensordidora d'una producció històrica –i fotogràfica– acostuma a emmascarar aspectes que acaben essent enterrats en el pòsit del docte coneixement. Quantes vegades l'historiador ha comès l'error d'incloure en les seves obres fets que es donen per vàlids però que no son vertaders! I és clar que l'historiador té encara camp de treball per investigar!; la seva tasca és i serà reinterpretar, sota dotzenes i dotzenes de volums ja escrits, nombrosos serrells i detalls –no menors– que mereixen l'atenció i l'anàlisi dels professionals. I no només això, ja que en temes tant sensibles com el de la GCE la història té i tindrà també sempre la feina de destriar el gra d'entre tanta palla. És consubstancial a la història trobar-se un munt d'interpretacions que floten en el mar historiogràfic, interpretacions moltes de les quals no deixen de ser mitges veritats o mitges mentides; sovint només pretextos per solidificar determinats posicionaments, massa contaminats de prejudicis (i això, respecte a qualssevol guerra civil, *és,* fins i tot en el més càndid dels supòsits). Ergo així és la Història: un cúmul d'informacions primàries i

---

fotogràfics catalans i on el conseller de cultura de la Generalitat de Catalunya, Ferran Mascarell, va haver de rebre els retrets dels pesos pesants en la fotografia catalana, que li van recriminar la inexistència d'un fons fotogràfic de Catalunya, la manca de preocupació de les entitats públiques, la falta d'implicació del MNAC (la col·lecció fotografia del museu nacional de Catalunya és ridícula i per a més inri s'atura als anys 40), la manca de suport a la fotografia que no és artística, etc.; així mateix, van instar a la creació urgent d'una xarxa digital que centralitzés tots els fons al web

L'article digital és el següent:

http://www.lavanguardia.com/cultura/20110624/54175855348/que-hacer-con-el-patrimonio-fotografico-de-catalunya.html

[4] SÁNCHEZ VIGIL, J. M.: *Centros de documentacion fotográfica. Estado de la cuestión.* Universidad Complutense de Madrid.

e-archivo.uc3m.es/bitstream/10016/8927/.../centros_sanchez_ICT_2002.pdf

[5] http://www.publico.es/culturas/281379/el-archivo-de-centelles-llega-al-centro-de-la-memoria-historica-de-salamanca

[6] Segons carta manuscrita de Centelles escrita al seu fill, Sergi, des del camp de concentració de Brams.

CENTELLES, Agustí: *Diari d'un fotògraf, Bram 1939.* Destino, 2009 (notes del 20/04/1939), pàg. 15.

secundàries de diferent natura, valor i contra-valor sobre les quals un especialista particular pot fer una interpretació raonada, argumentada i sobretot plausible d'un procés històric, encara que aquesta argumentació no sigui del tot sinònima d'una hipotètica –i sempre en minúscula, i en cursiva– *veritat*.

En aquest sentit, contemplar el comportament fotogràfic al bell mig d'una guerra (que és en certa manera el tema escollit en aquest treball) va evidenciar l'existència d'una sobresaturació d'informació en alguns aspectes puntuals, com ara sobre fotògrafs molt concrets –Capa, per exemple–, que han enfosquit durant dècades la tasca professional d'un bon nombre de fotògrafs hispans, sota el meu parer no inicialment tan posicionats ideològicament. I poso conscientment l'adverbi *inicialment* a la darrera frase perquè tot i que la guerra es flairava a principis del juliol del 36, els va sorprendre; i la seva adscripció ideològica es va anar formant des d'aquell juliol del 1936, modificant-se al llarg del conflicte. En general aquella evolució ideològica va conduir –en la geografia republicana– cap a un major compromís personal, professional i estètic envers les idees que polaritzaven la realitat social del seu moment.

Amb referència al relatiu desconeixement de molts d'aquells fotògrafs hispans –catalans, espanyols, bascos–, es pot afirmar que afortunadament aquest desconeixement ha anat minvant al llarg dels anys. A hores d'ara cap expert podria menystenir l'obra de fotògrafs com Centelles, Casariego o el germans Mayo. Gent com ells, aleshores joves fotògrafs, simplement es van veure atrapats en un conflicte que va formar la seva pròpia ideologia. És sota aquesta perspectiva que m'interrogo: era Centelles un comunista quan treballava d'ajudant a l'estudi d'en Badosa? o ho era quan es va independitzar i treballava amunt i avall fent fotografies per diaris i revistes en sana competència amb els seus antics mestres en l'ofici? No, ni de bon tros.

Centelles, tot i que acabà essent *un home de partit* (en la seva maduresa, i ja ingressat a l'Hospital de l'Esperança de Barcelona, va voler pagar les quotes endarrerides del PSUC[7]) no tenia una ideologia rígida, ni estructurada, ni refractària a la permeabilitat ideològica. I com ell una gran part –no la totalitat– d'aquells fotògrafs hispans en ambdós bàndols. No van tenir un posicionament ideològic clarament delimitat entre un blanc i un negre, entre una veritat i una mentida. Ells contemplaven, com ho fan en una

---

[7] http://blogs.ya.com/yashoot/c_67.htm

fotografia en blanc i negre, l'existència d'un nombre infinit de grisos.   Un dels motius que sospito van impedir en la majoria d'autors una radicalització ideològica clara i bel·ligerant va ser precisament la mateixa natura de la fotografia, la inherent relativitat de la imatge. D'exemples de certa *plasticitat ideològica* en la fotografia n'he trobat. En Pérez Molinos era un noiet de 15 anys quan va anar al front amb la seva càmera. Era un afiliat a la UGT, però col·laborador habitual de *Treball,* l'òrgan d'expressió del PSUC. Amb l'arribada de les tropes franquistes a Barcelona, en Pérez, lluny de fugir a la frontera o amagar-se en un pis, va anar a cercar les tropes per fotografiar-les; i és clar, no van tardar a detenir-lo i engarjolar-lo.   Un dies més tard (només cinc, gràcies als contactes de son pare, funcionari de l'ajuntament) l'alliberaren. Josep Pérez, fou "batejat" el 1940 com a *José* Pérez en un nou carnet professional de periodista que li van expedir i amb el qual pogué exercir de nou el fotoperiodisme al llarg dels anys quaranta   –amb les visites barcelonines de Franco i de Himmler incloses– fins que un bon dia el secretari de governador Antonio Correa Veglison, va assabentar-se del seu passat "roig".[8] Aquest cas ens il·lustra sobre un home que tenia un ofici, però no un ofici *polític.* Pérez Molinos era només un fotògraf, no un ideòleg. Amb la seva existència podem afirmar que no només hi va haver *fotògrafs/ideòlegs;* sinó que també hi va haver fotògrafs que introduïren circumstancialment la seva fotografia dintre de l'òrbita de la ideologia i la política.

En aquesta línia argumental que estic intentant filar es pot considerar els fotògrafs com una mena "d'intel·lectualitat" –si es vol, "d'intel·lectualitat" a la manera de Jordi Gràcia , l'autor de *La resistencia silenciosa*– . Una mena de població culta –perquè com a mínim per fer fotografia s'ha de tenir una intuïció intel·ligent– que, en certa manera, va escamotejar-se interiorment d'una presa de posició rotunda i unívoca respecte a l'adscripció ideològica a qualsevol dels dos bàndols. Amb tot, hi ha personatges que contradiuen les meves paraules, com Julio Mayo (Julio Souza Fernández) que estava sòlidament posicionat en una ideologia anarquista, però no sembla que la major part de fotògrafs hispans haguessin tingut una adscripció política tant ferma, malgrat la tensió política creixent. Aquesta no-adscripció es pot atribuir al seu propi terreny de producció professional, que no era pas el testimoni inesborrable d'una paraula escrita o radiada, sinó un llenguatge icònic fàcilment mutable de sentit. Una bona prova d'aquesta mutabilitat

---

[8] HUERTAS CLAVERIA, J. M.: *Catalunya en guerra i en postguerra. Fotografies de Josep Maria Pérez Molinos.* Viena Edicions, 2005, pàg. 17.

són les fotografies de l'esmentat Molinos (tan emprades per la propaganda republicana com després utilitzades per la premsa franquista); i, obrint la focal, també es podria incloure com a exemple la trajectòria fotogràfica d'en Francesc Boix, que de fer fotografies per a la revista *Juliol* passà a fer-ne —anys després, i naturalment a contracor— per als serveis administratius del camp de Mauthaussen. La polisèmia i l'*elasticitat* de la fotografia és meravellosa: aquelles mateixes fotografies que va fer Boix a Speer o Kaltenbrunner, fetes per encàrrec dels serveis de documentació del *KL*,[9] van servir posteriorment per incriminar-los en els posteriors judicis de Nuremberg. Aprofito l'esmentat Jordi Gràcia per fer un incís aclaridor: definitivament –i faig *hic et nunc* una crítica de base que servirà per fer la trigonometria ideològica del meu treball– el feixisme no el puc concebre com un virus,[10] com una passa aliena que afecta la salut d'una societat concreta. Si ens posem a esmolar l'eina del llenguatge –que és indiscutiblement l'eina d'expressió d'aquest professor de literatura– crec que el feixisme és, amb els termes tan infectològics i organicistes que agraden a Gràcia, una solució *latent* i extrema. Una solució gens aliena, sinó incorporada —mal que ens pesi— dintre de l'ADN de qualsevol societat immersa en un *ecosistema* nacional i tecnologicoindustrial. El feixisme sorgeix de manera *autoimmune* —sorgida del propi cos— per defensar-se de complexitats irresolubles, d'atzucacs productes del món contemporani, de crisis tan sistèmiques com les produïdes per la pròpia dinàmica econòmica capitalista. Al cap i a la fi, per a mi, els feixismes són reaccions gens epidèrmiques a uns canvis que desborden les suposades limitacions d'adaptació social a aquests canvis.[11]

Tancat l'incís aprofito per tornar al discurs de la introducció a aquest treball. Com s'ha dit al llarg d'aquest treball de recerca volia mostrar que hi hagué nombrosos fotògrafs —professionals o amateurs, coneguts o anònims— que van fotografiar el seu entorn sense un fort imperatiu ideològic i del qual es pot fer una lectura diferent.

---

[9] *Koncentration Lager*: camp de concentració.
[10] Introducció al llibre del professor Jordi Gracia. GRACIA, Jordi: *La resistencia silenciosa. Fascismo y cultura en España*. Barcelona: Anagrama, 2004, *Confidencias*, pàg.14.
[11] I de fet una anàlisi del les representacions parlamentàries dels partits de caràcter xenòfob a Europa –Holanda, Dinamarca, Noruega, Finlàndia, Àustria, Hongria, Polònia– ens ho podria confirmar. Capes de poblacions espantades per la pobresa –o per la seva possibilitat– i per uns canvis socials de difícil control opten per votar partits que aposten per una suposada solució dels problemes socioeconòmics basats en mesures de recentralització nacional fonamentats en una exclusió de tots aquells que no pertanyen a una categoria anomenada "nacional".

Aconseguit o no l'objectiu crec, si més no, haver avançat en la tasca de donar pistes de com anar destriant tota aquesta fotografia i de com treballar-la. No és gens fàcil: recórrer als protagonistes d'aquesta història i repassar les seves experiències ens fan adonar de l'existència de nombrosos vectors superposats, sincrònics, sincopats i juxtaposats en tot allò relacionat amb la GCE. No són corrents menors, són corrents de diferents sentits i de diferents profunditats. Parlo de conceptes com els de *Revolució/Reacció, espanyolitat/catalanitat, federalisme/republicanitat unitària, revolució anarquista/comunisme d'Estat, feixisme/antifeixisme,* conflicte *camp/ciutat,* forces *centrípetes/forces centrífugues...* Es tracta d'un llarg etcètera de valors que són difícils de sospesar en la seva justa mesura, de perfilar-ne les frontisses, de saber-ne les duracions i les intensitats concretes, de copsar les seves sincronies i de les seves obliqüitats en determinats esdeveniments concrets, en determinats personatges concrets. Els límits són molt complexos i resoldre una incògnita significa sovint perfilar-ne d'altres.[12] Potser per començar caldria estudiar el volum real de tota una controvertida *tercera Espanya*[13] amb una bipolaritat ideològica que s'hauria de posar, com a mínim, en sordina. Cal baixar sovint a la realitat i posar sempre els peus a terra, i així puc entendre per exemple Ucelay da Cal quan afirma, amb tot el meu respecte, que *"molts historiadors parlen d'ideologia mentre que els testimonis de la gent parlen simplement de la fam".*[14] Això no obstant, aquest treball de recerca no versa sobre estadístiques de productivitat de fàbriques col·lectivitzades sinó sobre una producció fotogràfica –i, per tant, intel·lectual– que fou emprada com a propaganda, com a vehicle de transmissió ideològica i com a arma que encenia voluntats, però també –i en molts casos– com a manifestació personal del fotògraf, com a procés d'un treball fotogràfic personal, com a eina de subsistència en un món que col·lapsava; i, majorment, en aquells mortals que només carregaven una simple càmera d'afeccionat, com a simple record d'un lloc o d'uns fets.[15]

---

[12] En aquest sentit, faig esment del llibre *Visca la República!,* en què participen nombrosos professors d'aquesta casa i en què es posa de manifest la multiplicitat casuística i les diverses sincronies del processos històrics. DA: *Visca la República!* Proa, 2007.

[13] Amb referència a l'existència d'una *tercera Espanya* en PRESTON, P. : *Las tres Españas del 36.* Barcelona: Plaza & Janés, 1999.

[14] DA CAL, Ucelay: *Cataluña durante la guerra.* Dins de MALEFAKIS, E. (dir): *La guerra civil española.* Taurus, 2006, pàg. 277.

[15] De fet, del miler de plaques fotogràfiques restaurades extretes del Fons Cinematogràfic Rus el 2009, i treballades per Ángel Encinas, de la Compluense, la gran majoria d'aquestes plaques van ser impressionades no per professionals, sinó per simples agents o brigadistes.

Per descomptat que parlar de fotografia durant la Guerra Civil serà parlar d'una manifestació cultural en un període de crisi profunda que es va manifestar amb l'aparició del *fotògraf-heroi*, l'idealista polític amb una recent influència i ascendent sobre la societat proporcionada pels *media*, uns mitjans d'informació que van amplificar els discursos polítics de l'Espanya d'aquella època. També s'haurà de parlar de *Propaganda* en majúscules i de l'acció conscient i manifesta per manipular les mentalitats amb l'objectiu que la població civil pogués afrontar l'horror d'una guerra[16] i es pogués aglutinar mentalment en un objectiu comú (Arostegui ens ho adverteix respecte a la propaganda d'una ciutat de Madrid assetjada i bombardejada per les tropes sollevades[17]). Podem catalogar molts d'aquells fotògrafs com a obrers propagandistes que treballaven a les agències creades *ex profeso* per a l'ocasió (alguns es definien així), però fins i tot en la ment més militant i compromesa la tasca funcionària es combinava amb el vessant més humà de la persona. Com no pensar, dintre d'aquesta catalogació, en l'entranyable i brillant Agustí Centelles, quan era un dels últims a sortir de la seu del *Comissariat de Propaganda* amb les tropes franquistes als afores de la ciutat? Centelles era alhora, en aquell precís moment, *funcionari* i persona; sabia perfectament que deixar aquella informació a Barcelona era condemnar un munt de gent a una severa represàlia.

En aquest treball haurem de parlar d'aquestes oficines creadores de propaganda, del *Comissariat* i d'en Jaume Miravitlles, de la seva oficina paral·lela a l'Espanya franquista (el *Gabinete de Prensa* de la *Junta de Defensa Nacional*); també parlarem del paper d'algunes persones que tenien sota control la distribució de notícies; parlarem de Lucien Vogel i la seva revista *Vu*, i de les complexitats del falangista Dionisio Ridruejo, aleshores cap de propaganda *nacional*. També caldrà trobar lloc per treballar la *migració* d'ideals; de com els foragitats de l'Alemanya nazi continuaven la seva particular guerra en camps espanyols; de la retroalimentació ideològica d'aquests davant de l'entusiasme popular republicà; de la influència real de fotògrafs estrangers com Robert Capa, Gerda Taro, David Seymour o Katy Horna; de la utilització de la fotografia dintre

http://archivistica.blogspot.com/2009/09/mas-imagenes-de-guerra.html

[16] PIZARROSO QUINTERO, Alejandro: *La Guerra Civil española un hito en la historia de la propaganda.* Universidad Complutense de Madrid, «El argonauta español», núm. 2, 2005. http://argonauta.imageson.org/document62.html

[17] AROSTEGUI, J.: *La defensa de Madrid y la guerra larga.* Dins DA, MALEFAKIS, E. (dir.): *La Guerra Civil Española.* Taurus, 2006, pàg. 139.

d'aquests espais de préstecs d'ideologia; de la tècnica de la fotocomposició; de les tècniques de fotoreproducció en les revistes. Però també ens caldrà parlar d'una producció fotogràfica que estigué allunyada de l'esperit bèl·lic, sense la idea seminal d'un estret vincle entre imatge i ideologia. Potser no tant espectacular com *el milicià de Cerro Muriano*, però indubtablement també fotografia, testimoni i arxiu. Aquesta fou una fotografia que no era *propaganda,* però sí document. És tot un pòsit de caire documental una part del qual possiblement encara roman, ignot, en arxius familiars, en àlbums de tapes de cuir plenes de pols. No cal dir que aquesta càndida fotografia és presumiblement igual o més versemblant que moltes de les famoses icones de la guerra. En aquest treball de recerca s'intentarà fer una lectura integrada de tot plegat, i avancem aquí que per fer-ho es considera imprescindible que tota imatge tingui sempre una ponderació –sempre subjectiva– del valor real que té en relació amb allò que en diem genèricament *veritat.* Etimològicament una imatge és escriptura amb llum, reflex subjectiu i parcial d'una realitat, una abstracció feta de dues dimensions; i per tant la seva interpretació, en l'àmbit de les ciències socials, necessitarà d'unes acurades contextualitzacions de què es puguin extreure informacions vàlides per a la investigació històrica. No ens ha d'estranyar que la fotografia hagi entrat molt lentament en el camp de les fonts possibles dels historiadors, més quan molts d'aquests professionals no estaven avesats al treball específic que requereixen les imatges per fer-les servir com a font. Caldrà doncs fer mentalment el procés invers que va fer la llum abans de sensibilitzar un paper fotosensible. Toca a l'historiador recollir la informació d'aquella imatge i de contextualitzar-la, sumant-hi –o no– la possible intencionalitat i subjectivitat de l'autor d'aquella fotografia. No fer-ho significa deixar d'entendre *significats importants* en determinades imatges. A tall d'exemple d'aquest exercici regressiu que proposo, recordo una fotografia d'una bucòlica migdiada a la vora d'un riu titulada en català com a *Primeres vacances pagades*, d'en Cartier Bresson, que vaig poder admirar en un dels *Reencontres* d'Arles.[18] Aquella fotografia, per a un historiador fàcilment situable en l'estiu del 36, no només era una bella imatge d'estiu, sinó que manifestava també una rotunda declaració de suport i de simpatia envers les millores obreres franceses aconseguides als acords de *Matignon* i celebrava la política frontpopulista de Léon Blum. El peu de pàgina –el peu de pàgina tan lluitat per Bresson–

---

[18] Festival de fotografia que es fa cada any a la localitat francesa d'Arles des de 1969.

ens arrodoneix i ens emmarca tot el significat global de la imatge. És un significat clar i rotund per a un coetani francès de Bresson, però fàcilment incomprensible per a un jove català —o francès— del segle XXI.

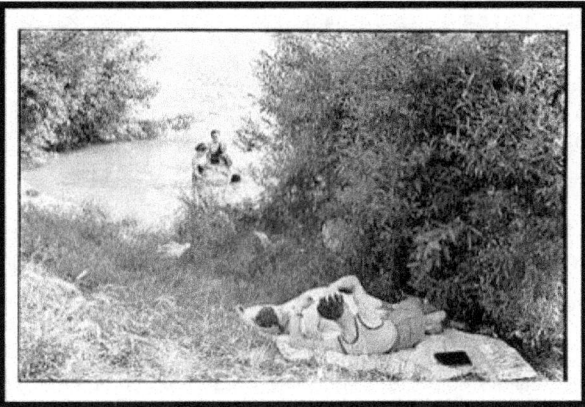

Premiers congés payés, bords de Marne. Henry Cartier Bresson, 1936.

He d'informar en aquesta introducció que en tot el treball no he volgut considerar ni incloure la fotografia en moviment, és a dir, el cinema. Els perquès són bàsicament consideracions formals: les lectures que es poden fer des de la fotografia estàtica són diferents a les lectures d'una fotografia en moviment. Així doncs alguna filmació de caire propagandístic sortirà esmentada en el discurs, però no serà pas analitzada. Tampoc he volgut entrar en el camp dels diferents processos físics i químics que envolten el procés fotogràfic abans de l'arribada de l'era digital. Fer-ho significava restringir altres parts del treball a mínims intolerables. Sé que tota selecció significa una pèrdua, però he considerat més pertinent parlar de com la Història va sacsejar la fotografia en un període tan ideològic com el de la GCE, més que no pas caure en el discurs tecnològic que versa sobre el processos químics necessaris per a l'obtenció d'una imatge.Un cop perfilat el treball en l'àmbit conceptual, és oportú de fer un apunt sobre els aspectes formals. L'estructura d'aquest treball està formada per quatre grans parts. En la primera s'ha fet una breu aproximació de la historiografia necessària per fer aquest treball, tant de la dilatada –i a vegades polèmica– producció sobre la GCE com de les complexes relacions que hi ha entre la fotografia i la història. També s'ha introduït la tasca que s'ha fet des de l'anomenada "fotohistòria" que, malgrat molts dubtes i entrebancs, ha avançat vers el reconeixement extern gràcies a l'assoliment d'unes línies de treball més sòlides que les ofertades anys enrere.

En una segona part s'ha parlat de les complexes interrelacions d'aquesta *historia fotogràfica* amb una Història europea –de nou 'història' aquí amb majúscula– dominada per una crisi d'arrels profundes i amb unes societats cada cop tibades per diferents posicionaments ideològics que lluitaven per donar llum a una nova societat forjada en la crisi. En aquest sentit es percep en els anys 30 europeus un nou *weltgeist*, un esperit del món, que flotava ja des de principis del segle XX. La fotografia va ser testimoni d'aquest esperit i va acabar fent costat –en alguns casos amb notable energia i entusiasme– a les diverses solucions totalitàries a una crisi que va anar cristal·litzant al llarg del període d'entreguerres. Per això s'inclou un subapartat en què s'estudia la relació entre la fotografia i el totalitarisme, una relació que emmarco en dues grans exposicions: *Film und Foto* a Sttutgart i la *Mostra della Rivoluzione Fascista* a Roma.

En una tercera part del treball es focalitza l'espai històric i fotogràfic català i espanyol, un territori ja trepitjat per solvents historiadors de la fotografia, com Publio

López Mondéjar, fotògrafs historiadors, com Joan Fontcuberta, o historiadors fotògrafs, com David Balsells. És en aquesta part on es repassarà la producció fotogràfica del període 1936-39, els seus antecedents, l'especificitat fotogràfica hispana i la progressiva ideologització en una relativa però significativa part dels seus components. Un *crescendo* ideològic provocat, només en part, per la presència d'elements forans al context espanyol. Paral·lelament es repassarà tot l'esforç propagandístic en ambdós bàndols que van fer augmentar la presència i la importància de la fotografia en aquesta lluita ideològica. Acabaré aquest apartat contemplant l'exili, la purga, la inhibició o la submissió d'alguns dels fotògrafs i protagonistes d'aquella època.

En una quarta part m'he atrevit —amb major o menor fortuna— a una *praxis* d'anàlisi sobre producció fotogràfica no treballada pels arxivers. En aquest cas s'han emprat fotografies encara no gaire conegudes dipositades a l'*Arxiu Fotogràfic de Barcelona*. Repassaré fotografies d'autor i també fotografies anònimes del període 1936-39, i intentaré fer-ne una anàlisi per mirar d'encetar camins per a una ulterior investigació, més acurada, que se'ns escapa naturalment d'aquest treball, que no deixa de ser una simple recerca, no una tesi doctoral. Finalment en una última part he gosat fer les extrapolacions pertinents al període que ens toca —i ens tocarà— viure. Avanço breument que considero que el nostre món necessitarà forçosament d'una educació visual que ens permeti veue, amb criteri, la utilització massiva —i gens innocent— de les imatges que es generen en el món global. Si no ho fem així correrem el risc de ser el que ja són molts conciutadans: simples presoners digitals d'una caverna platònica. En aquest sentit es pot afirmar —amb notable desencís— que més de dos mil anys d'Història només han provocat un simple canvi de localització, no d'estat. Si Plató ens col·locà encadenats al fons d'una caverna en el segle V aC., avui, ja ben entrats al segle XXI, sembla que les societats estan cada cop més encadenades, i per a més inri, *en xarxa*. La recepció d'imatges sense *criteria* poden ser les noves cadenes del futur. No parlo de ciència ficció ni de *teories conspiratives*, sinó de projectes polítics quotidians de caire gens democràtic que utilitzen i utilitzaran cada cop més les imatges per aconseguir una sèrie de propòsits, com ara l'obtenció d'estats d'opinió, *ergo* de control social. Parlo de polítiques actuals que ja estan instal·lades en determinades esferes de poder; de projectes i dissenys sobre els quals no tenim cap control, i des d'on a vegades se'ns convida il·lustradament a participar, però que en cap cas se'ns planteja discutir.

I· Consideracions historiogràfiques

La memòria no guarda pel·lícules, guarda fotografies.

Milan Kundera

Oblidar és una funció tant important de la memòria com recordar.

Vilém Flusser

1· 1 Reflexions inicials.

Elaborar aquesta breu mirada historiogràfica ha estat un dels punts que més m'ha costat. No només ha significat fer un succint repàs a una part de la historiografia – sobre la GCE–, sinó que també ha provocat la pròpia recol·locació dels meus punts de vista particulars, no tan sols en la historiografia històrica sinó també en una *historiografia de la Història de la Fotografia*. Fer-ho així, de manera més o menys dual, ha significat tanmateix retocar saludablement els fonaments de construcció del meu discurs. Per una banda, calia situar-se, quant a la història, entre els nombrosos corrents historiogràfics de la GCE, que són molt abundosos; per una altra banda, calia situar-me també en alguna contrada dintre l'univers estrany i vaporós de la *Historia de la Fotografia*, tan aliena i al·lèrgica aquesta al discurs d'historiadors de processos contemporanis (en què paradoxalment la fotografia és sovint molt present com a document).

En general, en cap d'aquestes dues constel·lacions no m'he volgut allunyar gaire d'una certa *ortodòxia*, intentant considerar sempre com a primordial la integració de les imatges com a font de coneixement històric, cosa que és encara un assumpte no del tot ben resolt en el camp de la Història Contemporània. Els fonaments d'aquest treball pretenen construir un edifici on la Història s'espolsi la seva pretesa incapacitat per abordar la imatge com a eina d'explicació històrica. L'única manera de fer-ho ha estat treballar les imatges i gosar equivocar-se (per naturalment deixar ser posteriorment esmenat per altri). Avís per a navegants: és ben cert que tots aquells que han anat elaborant una anomenada "fotohistòria" han tingut molt a veure amb la fotografia – àdhuc el meu cas–, però saber-ne més no ha estat cap garantia per construir unes útils i profitoses connexions de la història amb la fotografia.

Sóc també conscient que elaborar aquest apartat bibliogràfic és d'una manera o altra també "engrossir-lo". Allò que es fa en definitiva és donar voltes i voltes a determinats aspectes de la Guerra Civil, fent-los créixer en la profunditat de la seva comprensió. Sé que pertanyo a l'actual corrent historiogràfic que intenta treure llum de diversos i molt variats aspectes dintre d'aquest *totum* històric anomenat GCE. Quins són els perquès d'aquesta actual tendència? Per què l'aparició de tants i tan petits i grans treballs sobre la GCE en tants i tants temes *menuts*?[19] Proximitat? Facilitat en la recerca?

---

[19] A la UAB són onze els treballs que parlen sobre la II República, la Guerra Civil o de diferent aspectes de la transició sobre un total de trenta que es presenten a tribunal aquest any 2011 per

No és pas tan fàcil. Més aviat sospito que hi ha un corrent subterrani que impulsa a treballar la GCE fruit d'una insatisfactòria cohabitació entre la nostra feina d'historiadors amb un *memoricidi* que flota com una boira en la gènesi democràtica espanyola i que la transició espanyola –i l'actual democràcia– va fins i tot enaltir com a virtut, cosa que *indigna*. No m'erro quan dic que és un sentiment que no ens és particular: se'ns ha contagiat d'altres que amb la seva infatigable insatisfacció han perpetuat un deute social, una exigència de veritat dintre d'una determinada història oficial. Parlo d'historiadors que han vist durant massa anys la seva excel·lència acadèmica sense cap mena de perpendicularitat amb cap dels discursos institucionals i mediàtics del seu present. Satisfacció i reconeixement: dues premisses *hegelianes* que no s'han acabat de materialitzar en la nostra societat envers a un grapat –i alguns, excelsos– professors d'universitat. En el meu cas, sóc un dels néts d'aquells que van sofrir la guerra i el fill d'aquells a qui primer es va dir que callessin i després es va dir que oblidessin. Faig un treball sobre imatges en un conflicte bèl·lic i he pogut aprofitar-me d'un munt de gent que ha treballat abans que jo perquè me'n pugui aprofitar, i potenciar, encara que sigui amb una simple frase afortunada, tot un corrent intel·lectual que no vol oblidar i que vol contrarestar el pèndol que durant tant de temps va bascular en el cantó de les fal·làcies. Les *pedres de toc* d'aquest corrent intel·lectual han variat al llarg del temps: fosses comunes, el debat de la Memòria Històrica, la desfranquització de l'Escorial, l'espinós contenciós judicial actual, etc. Tot sembla indicar que no tindrà aturador fins que la política deixi d'anar a remolc de tots aquells que voldrien la fossilització del nostre passat en una pedra d'ambre. Sota el meu parer, només quan el poder polític agafi el brau per les banyes —perquè sent que així ho ha de fer i no pas perquè la societat l'hi empenyi– serà quan tot el debat històric sobre la GCE s'haurà definitivament assentat sobre paràmetres "normals"; paràmetres que per a mi són senzillament discussions (no exclusivament acadèmiques) sense exabruptes, sense inflexibilitats, i allunyades d'un maliciós i tendenciós soroll mediàtic. Que la justícia humana hagi perdut el temps i els papers a la Iberia contemporània no significa pas que la Història hagi de perdre el seu rigor.

---

aconseguir el *Màster d'Història Contemporània*

1· 2 Un repàs historiogràfic de la GCE.

Tornant ja a la Historiografia, passo ara a fer-ne un breus apunts. Les connexions entre la historiografia de la GCE i la Història de la fotografia no són gaire prolífiques i per tant passaré primer a parlar de què han dit els historiadors des del 1936 en endavant. Ha de quedar ben clar que el que faig és una aproximació de les diferents fases que ha tingut l'estudi de la GCE; en cap cas vull fer un estat de la qüestió respecte a la bibliografia de la Guerra Civil, ja que ocuparia per si sol bastant més que les pàgines d'aquest treball. És per això que no s'esmentaran moltíssimes obres d'autors, senzillament perquè seria impossible incorporar-les totes.

Les obres primerenques sobre la Guerra Civil tenien una marcada ideoligització –per exemple Borkenau[20]– encara que algunes produccions tenen la valuosa virtut d'il·lustrar-nos –i algunes de contagiar-nos– l'esperit del moment (Orwell, per exemple[21]). Aquesta és una característica ben palesa de totes aquelles produccions fetes encara amb el soroll dels *mauser* sonant. En aquesta òrbita estant també la *Crònica de la Guerra Civil a Catalunya,*[22] un aiguabarreig d'actes i notificacions institucionals de la Generalitat amb la visió d'una part d'ERC més afí a Companys en les quals deliberadament es minimitzen determinats successos i se n'enalteixen d'altres (per exemple, en aquesta *Crònica* salvada per Tarradelles, el Comitè *de Milícies Anti-feixistes* sembla més aviat una creació *sui generis* de la Generalitat, també desapareix tota menció de les repressions posteriors als *Fets de Maig* i es minimitza l'evident pèrdua de poder autònom de la Generalitat amb la presència del Govern Central a Barcelona provinent de València). Així, és innegable que algunes obres mereixen ser posades en una mena de *quarantena històrica*, ja que estan massa condicionades ideològicament.

Un cop acabada la guerra, la visió del passat va ser la marcada pels "vencedors", mentre que els "perdedors" que encara es curaven les ferides en un exili forçat, tenien temps i energies per fer-se agres retrets entre les diferents faccions i sensibilitats republicanes. No cal dir que aquesta historiografia "vencedora" gaudia de la protecció del règim i qualsevol estudi més científic corria perill de veure's empantanat en

---

[20] BORKENAU, F.: *El reñidero español: la Guerra Civil vista por un europeo.* 1937 [traducció de *The Spanish cockpit*], editada per *Ruedo Ibérico* en 1971 i reeditada recentment (Barcelona: Península, 2001).

[21] ORWELL, G.: *Homage to Calalonia.* Benediction Classics, 2010.

[22] Govern de la Generalitat. TARRADELLES, J.: *Crònica de la Guerra Civil. Crònica diària de la Generalitat de Catalunya.* (2 vol.) Barcelona: DAU, 2008.

el fang dels entrebancs. Com apunta Preston, *"l'entorpiment de la labor investigadora va ser la prolongació de la Guerra per altres mitjans"*.[23] Algun tipus de relaxació hi va haver amb la llei de premsa del 1966, però en general predominada una història de *Croada* que mirava de vincular la història de la GCE amb els *desgavells liberals* de la República i més enllà. Un bon exemple d'això el tenim en Joaquim Arrarás i la seva voluminosa *"Historia de la Cruzada Española"*, vuit volums que emmirallen tant l'autor com el corrent historiogràfic en què s'inscriu. Acabada al guerra, hi va haver un sector historiogràfic que s'ocupà de carregar les tintes en una determinada visió de Franco com a lluitador infatigable contra el comunisme internacional (Galinsoga,[24] Salgado-Araujo,[25] Eduardo Comín,[26] etc.). Paral·lelament, en el bàndol republicà a l'exterior hi ha també, tot i que en una altra escala, tergiversacions històriques, on tothom o pràcticament tothom s'autoexculpà a base de memòries i balanços particulars sobre els diferents rols i protagonismes del període. Les memòries del *gimnasta revolucionari* Garcia Oliver en serien un bon exemple.[27] Però d'exculpacions n'hi va haver moltes entre els exiliats. Vist el panorama de l'Espanya dels anys 40 i 50 no ens ha d'estranyar que els millors balanços de la història de la Guerra Civil fossin els estrangers. Fou en aquella època quan es crearen els marcs de creació historiografia que marcaran els desenvolupaments posteriors. Aquests marcs es van elaborar gràcies a un rigor més crític de la interpretació històrica, en consonància amb el caràcter científic de la història. En aquell període, la GCE entrà a *l'Olimp* històric contemporani, ja que se la va incloure dintre de la historiografia clàssica de la Segona Guerra Mundial. La guerra espanyola va a passar a ser el gran precedent en una lluita de conceptes instrumental: els de democràcia i totalitarisme. Han passats molts d'anys d'aquestes *reduccions conceptuals* utilitàries, però aquelles produccions dels hispanistes anglosaxons van ajudar a edificar —amb meritori rigor— una historiografia la influència de la qual arriba fins a l'actualitat (davant meu tinc *L'holocaust espanyol* [28] de Paul Preston;

---

[23]   PRESTON, P.: *La historiografía de la Guerra Civil española: de Franco a la democrácia* en Granja, J. L. de la , Miralles, R. & Reig, A. (Eds.), Tuñón de Lara.
[24] GALINSOGA, L.: *Centinela de Occidente (semblanza biográfica de Francisco Franco)*. Editorial AHR, 1956.
[25] SALGADO-ARAUJO; FRANCO, F.: *Mis conversaciones privadas con Franco*. Planeta, Espejos de España (vol. 29), 1977.
[26] COMÍN COLOMER, E.: *Españoles esclavos en Rusia, por Eduardo Comín*. Publicaciones españolas, 1952.
[27] GARCIA OLIVER, J., *El eco de los pasos: el anarcosindicalismo en la calle, en el Comité de Milicias, en el gobierno, en el exilio*. París, Ruedo Ibérico, 1978
[28] PRESTON, P.: *L'holocaust Espanyol. Odi i extermino durant la Guerra Civil i després*. Barcelona, Base, 2011.

22

obra capaç de tancar la boca al més furiós i televisiu dels revisionistes espanyols). Dintre d'aquest espai de la historiografia anglosaxona van aparèixer també alguns llibres que pretenien centralitzar com a causa de la guerra els pretès caràcter funest, iracund i venjatiu *espanyol*. Un exemple d'aquests disbarats els trobem a l'*Spanish Fury*[29] de J. Cleugh. Aquest autor intensificà un tarannà que ja venia d'anys enrere, des de 1943, any de sortida d'*El laberinto español*[30] de Brenan, obra que és en alguns aspectes aprofitable, però en d'altres, lamentable[31] (recordo aquí amb ironia les funestes prediccions del Sr. Brenan respecte a l'"horrorós estil" de l'arquitectura gaudiniana). En general, i gràcies al constant alè que venia de la historiografia feta des de l'exterior –H.R. Southworth i H. Thomas desmitificant el mite de *la cruzada*,[32] G. Jackson i Preston aportant una nova síntesi global,[33] E. Malefakis i Gibson afegint al context estudis molt específics[34]–, s'edifica tota una sèrie de treballs d'autors espanyols a les acaballes del franquisme que, juntament amb l'atmosfera democràtic de la transició, van començar a omplir el notable buit que s'havia produït al llarg de 40 anys de monodiscurs històric oficialista espanyol. A la universitat espanyola de finals dels seixanta apareixen noves visions de la GCE que juntament amb la historiografia estrangera van ajudar a un progressiu aprofundiment d'aspectes i temes, com ara el món obrer, els partits polítics, els paper dels sindicats obrers, i es van començar a fer les primeres biografies de dirigents polítics, alhora que s'encetaven estudis d'estratègies polítiques i valoracions de temes socials com ara les col·lectivitzacions obreres. Tot sovint eren treballs amb un marcat component ideològic (gens estrany en el món universitari europeu de finals dels seixanta i principis del setanta), però el balanç fou molt positiu. Aquells treballs elaborats per una generació que no va viure directament la guerra van assentar unes bases que s'han anat solidificant i temperant amb el pas del temps. Aquella tasca feta per la gent que va començar a

---

[29] CLEUGH, J.: *Spanish fury: the story of a Civil War*. Harrap, Michigan University, 1962.
[30] BRENAN, G.: *El laberinto español: antecedentes sociales y políticos de la guerra civil*. Plaza & Janés, 1996.
[31] CLEUGH, J.: *Spanish Fury*. London: George C. Harrap, 1962 [traducció, *La guerra de España 1936*. Barcelona: Joventut, 1962; una obra que ja s'inspirava en la de Brenan, *El laberinto español*, de 1943].
[32] SOUTHWORTH, H. R.: *El mito de la cruzada de Franco: crítica bibliográfica*. París: Ruedo Ibérico,1966.; THOMAS, H.: *El mito de la cruzada de Franco: crítica bibliográfica*. París: Ruedo Ibérico, 1961.
[33] JACKSON, G.: *La república española y la guerra civil*. Barcelona: Crítica, 1976.; PRESTON, P., CAMPRODON, T., FALCÓN, D.: *Franco caudillo de España*. Grijalbo, 1998. PRESTON, P.: *La guerra civil española*. Debate, 2006.
[34] MALEFAKIS, E.: *Agrarian reform and peasant revolution in Spain: Origins of the Civil War*. Yale UP, 1970. ; GIBSON, I.: *The death of Lorca*. J. P. O'Hara, 1973.

---

trepitjar nous terrenys ha permès que d'altres se n'hagin pogut aprofitar i hagin proporcionat nous enfocaments allunyats de l'emotivitat o l'autosegrest ideològic. No obstant això, en aquella Espanya tardofranquista apareixia –alentit per Manuel Fraga i la necessitat de mitigar publicacions estrangeres com *Ruedo Ibérico*[35]– l'obra inefable de De la Cierva, que era, en el seu conjunt, una actualització cientificista d'antigues justificacions colpistes. En conjunt l'obra de De la Cierva posaven una pàtina de rigor i serietat a la versió més actualitzada de les justificacions colpistes del 36.[36]

Paral·lelament a aquesta condescendència que s'allargà en el temps[37] apareixien (en un àmbit més acadèmic) obres potser més senceres, més rodones, com la de les dues síntesis de la història d'Espanya escrites per Tuñon de Lara,[38] o l'obra conjunta de Pierre Broué i Emile Témime, què va ser una mena de resposta francesa a la historiografia anglosaxona.[39] El revisionisme no van poder erosionar la solidesa de les interpretacions clàssiques "liberals" de la guerra , que basaven el tronc de les explicacions del perquè del "fracàs" republicà en la modernització politicosocial estroncada per la rebel·lió militar. Precisament aquest tronc explicatiu és el que s'ha debatut amb assiduïtat ja des dels anys 70. La historiografia tardofranquista va seguir trobant suport a l'exterior gràcies a obres com la de Trythall sobre Franco,[40] la de Malefakis sobre la reforma agrària[41] o la de Payne sobre l'esquerra espanyola.[42]

Stanley Payne, futur collar de *La Orden de Isabel la Católica* amb el govern d'Aznar (el 1999[43]) criticarà durament l'esquerra espanyola com a "culpable" de la

---

[35] *Éditions Ruedo ibérico* (ERI) va ser una editorial fundada el 1961 a París, França, per cinc refugiats espanyols de la Guerra Civil que es van proposar fer front al franquisme editant llibres en els quals s'exposaven tesis alternatives a les oficials del règim i que després eren introduïts clandestinament a Espanya. Estava dirigida per José Martínez Guerricabeitia i va arribar a editar 150 llibres entre 1966 i 1977.

[36] DE LA CIERVA, R.: *Historia de la guerra civil española*. Madrid: Ed. San Martín, 1969.

[37] I fins i tot s'allarga en l'actualitat amb la recent polèmica del diccionari biogràfic de la RAH. Vegeu per exemple:
http://www.elpais.com/articulo/cultura/Franco/mal/hombre/elpepicul/20110530elpepicul_2/Tes

[38] TUÑON DE LARA, M.: *La España del siglo XIX*. París: Librería Española, 1961.
TUÑON DE LARA, M.: *La España del siglo XX*. París: Librería Española, 1966.

[39] BROUÉ, P., TÉRMINE, E.: *La Révolution et la guerre d'Espagne*. Minuit, 1961.

[40] TRYTHALL, J. W. D.: *Franco, a Biography*. London: Rupert Hart-Davis, 1970.

[41] L'obra citada anteriorment: MALEFAKIS, E.: *Agrarian reform and peasant revolution in Spain: Origins of the Civil War*. Yale UP, 1970.

[42] PAYNE, S. G.: *La revolución española*. Argos, 1977

[43] http://www.boe.es/aeboe/consultas/bases_datos/doc.php?id=BOE-A-2009-11220

---

situació de crispació que portà al cop d'estat i posteriorment atacarà durament tant la *Llei de la Memòria Històrica* com els intents del jutge Garzón per instruir la repressió franquista. Sobre la visió de Payne aixecaren la veu Preston i d'altres alertant de l'error de no considerar els aspectes socials a l'hora de fer un estudi polític.

Amb la mort del dictador s'obrirà progressivament una nova etapa, amb estudis locals per part de joves historiadors que, això no obstant, encara tindran notables dificultats d'accés en determinats arxius, dificultats que tot sovint –i això és ben lamentable– encara perduren d'una manera o altre per a alguns historiadors.[44] Una bona terna d'excel·lents professors que actualment treballen a nostra universitat pertanyen a aquella lleva. La historiografia oficial hagué de compartir la palestra amb una de nova i no hi estava acostumada: ho va fer en una situació de preeminència, però no de prestigi. Molts *tics* van perdurar, hi hagué autors que van consolidar aleshores les bases de l'actual "revisionisme" (lamentablement present en la actualitat i amb el qual no val la pena endarrerir-se). Més cabal és comentar que en aquells moments s'obrí una nova etapa caracteritzada per l'explosió en l'interès per l'estudi de determinats elements dintre del "grup dels vençuts": grups polítics i obrers (Bonamusa en el cas del POUM,[45] I. Molas,[46] o R. Vinyes,[47] que més tard treballarà en profunditat el tema dels nens republicans raptats pel franquisme[48] i serà sospitosament apartat pel jutge que instruirà el *cas Garzón*[49]); el paper del catolicisme dintre del franquisme (H. Raguer[50]); els efectes dels bombardeigs

---

[44] Cal destacar que en el nostre Estat encara es restringeix, arbitràriament, l'entrada a qualsevol persona –fins i tot amb un carnet d'investigador– en llocs com ara la *Fundación Francisco Franco*, o en determinats dipòsits de documentació carcelària i militars; i fins i tot en algun arxiu provincial. L'ambient general esta enrarit i per il·lustrar-ho només ens cal recordar una imatge: les manifestacions de gent de Salamanca atiades pel més ranci populisme que es van fer –i malauradament es faran– davant del famós *Archivo General de la Guerra Civil Española*.
Referent a les dificultats d'alguns historiadors, hi ha la queixa expressada per Preston: *Guerra de palabras: los historiadores ante la guerra civil española* a PRESTON, P.: *Revolución y guerra en España 1931-1939*. Madrid: Alianza Editorial, 1986, pàg. 15.
[45] BONAMUSA, F.: *Andreu Nin y el movimiento comunista en España (1930-1937)*. Anagrama, 1977.
[46] MOLAS, I.: *El sistema de partits polítics a Catalunya, 1931-1936*. Barcelona: Edicions 62, 1972
[47] VINYES, R.: *La presencia ignorada. Cultura comunista a Catalunya*. Barcelona: Edicions 62, 1989.
[48] VINYES, R.; ARMENGOU, M.; BELIS, R.: : *Los niños perdidos del franquismo*. Debolsillo, 2003
[49] *–¿Por qué cree que Varela tachó de "no pertinente" que usted declarase? –Fue un acto inteligente. Para demostrar que hubo genocidio durante el franquismo hay que probar que hubo planificación y sistema y eso es prácticamente imposible, salvo en un caso. El de las desapariciones y deportaciones de niños hijos de republicanos, que es lo que yo he estudiado. Por eso no me llamó. Soy el único historiador entre los 15 expertos llamados como testigos, ése es el motivo de mi recusación.*
http://blogs.laverdad.es/dandy/2010/4/16/ricard-vinyes-yo-veo-cinco-anos-al-juez-garzon-muy-mal-en/

(com els efectuats per Solé Sabaté i J. Villarroya,[51] que més tard estudiaran les connexions de la propaganda i la guerra[52]); les col·lectivitzacions (A.Pérez Baró, A Monjo); l'anarquisme i la revolució social (Bernecker [53]); a més d' aspectes orals de la guerra (com els de Tagüeña[54]). Trobem també l'aparició de monogràfics sobre l'organització militar com els de Michael Alpert[55] o Larrazabal,[56] autor aquest pertanyent a la historiografia "oficial"·. També es va començar a filar prim en el tema de la intervenció estrangera. Un exemple el tenim en A. Viñas[57] i D. Pike.[58] De la mateixa manera es van desenvolupar estudis historiogràfics de la Guerra Civil de la mà d'autors com l'esmentat Ángel Viñas.[59] Alhora Ronald Fraser iniciava un estudi seriós de la historia oral de la GCE amb la memorable *Recuérdalo tú y recuérdalo a otros. Historia oral de la guerra civil española*, publicada per primer cop el 1979[60].

Tot i una millora del to i del volum de la producció amb l'arribada de la democràcia, a nivell institucional hi havia notables *mancances* dels successius governs democràtics. Davant de la commemoració del 50è aniversari de la Guerra Civil, el govern socialista va limitar l'efemèride amb una curta nota de premsa on s'afirmava sense rubor que *"aquella no era data de celebracions davant la significació d'enfrontament que tenia la data"*. Al 50è aniversari van aparèixer als diaris edicions seriades sobre la Guerra Civil (que molts de la nostra generació recordem) i que van marcar les bases ideològiques sobre les quals es van edificar els nostres judicis de la guerra. Alguna d'aquestes publicacions van ser editades per *El País* o *El Periódico de Catalunya*. Aquestes publicacions

[50] RAGUER, H.: *La espada y la cruz: la Iglesia 1936-1939*. Barcelona: Brugera, 1977.
[51] SOLÉ SABATÉ J. M. ; VILLARROYA, J. : *Catalunya sota les bombes (1936-1939)*. Barcelona: Publicacions de l'Abadia de Montserrat (Col. Abat Oliva), 1986.
[52] SOLÉ I SABATÉ, VILLAROYA, J. M.: *Guerra i propaganda*.Viena Edicions, 2006.
[53] BERNECKER: *Krieg in Spanien 1936 - 1939*. Darmstadt: Wissenschaftliche Buchgesellschaft.
[54] TAGÜEÑA, M.: *Testimonio de dos guerras*. México DF: Oasis, 1974.
[55] ALPERT, M.: *La guerra civil española en el mar*. Siglo XXI de España Editores, 1987.
[56] SALAS LARRAZABAL, R.: *Historia del Ejército Popular de la República*. Madrid: La Esfera de los Libros, 2006.
[57] VIÑAS, A.: *La Alemania Nazi y el 18 de julio. Antecedentes de la intervención alemana en la Guerra Civil española*. Madrid: Alianza Universal, 1977]) i també VIÑAS, A.: *El oro de Moscú. Alfa y Omega de un mito franquista*. Barcelona: Grijalbo, 1979.
[58] PIKE, D.: *Les Francais et la guerre d'Espagne*. Paris: Presses Universitaires de France, 1975. (En bona mesura és un estudi sobre la premsa francesa.)
[59] VIÑAS, A.: *Dimensiones económicas e internacionales de la Guerra Civil: una presentación de la literatura reciente* a. TUÑON DE LARA, M. et al.: *Historiografía española contemporánea*.
[60] FRASER, R.: *Recuérdalo tú y recuérdalo a otros. Historia oral de la guerra civil española*. Barcelona: Crítica, 2001

tenien una virtut i un defecte: per una banda, baixaven el tema de la GCE al *forum* popular, cosa que *per se* no és dolenta; però malauradament ho feien a través de fascicles setmanals amb informacions reduïdes i sense varietat d'interpretacions, cosa que banalitzava en excés la temàtica. A destacar que l'autor dels fascicles sobre la Guerra Civil fets a l' ABC era un de sol autor: de la Cierva.

El vuitanta van ser anys de "reconciliació", més oficiosa que no pas oficial. D'aquesta "reconciliació", van parlar-ne sobretot els "vencedors", estigmatitzant una historiografia crítica que "feia nosa" a la convivència democràtica. Tot i aquesta *enganyifa*, la historiografia critica va saber temperar els arguments i va saber guanyar un pols acadèmic davant una historiografia neofranquista amb la credibilitat molt tocada. És de destacar als vuitanta l'obra col·lectiva d'Arostegui, Viñas, Cardona i Bricall *La guerra civil 50 años después*,[61] una obra feta amb rigor metodològic que obria noves perspectives d'interpretació sense voler ser de cap de les maneres una interpretació definitiva. També s'ha de destacar l'edició d'*El Franquisme i l'oposició: una bibliografia crítica, 1939-1975* (1981), obra col·lectiva feta sota la direcció d'E. Giralt,[62] i el Seminari organitzat pel Centre de Treball i Documentació (Barcelona, 1987) que són l'intent més recent de replantejar algunes de les línies de treball. L'estudi de la repressió rebé un primer impuls per part de J. Benet (Creador de *Qué fue de la guerra civil*,[63] de 1976, una obra que va ser molt citada sobretot des de l'estranger) i, posteriorment, per part de J. M. Solé i Sabaté. L'anàlisi de l'oposició ha estat objecte d'un tractament més polític que no pas històric fins a les aportacions de C. Molinero i P. Ysàs[64] i J. M. Colomer,[65] entre d'altres.

Als anys noranta van continuar les dificultats d'accés en alguns arxius com els de l'*Alto Estado Mayor*, així com reticències d'alguns historiadors per abordar el tema espinós de les repressions. El clima polític dels noranta també continuà l'escàs entusiasme d'algunes institucions per recolzar certes iniciatives que podien "obrir ferides". Potser el més positiu és que en aquells moments ja no hi havia la dependència

---

[61] TUÑON DE LARA, M.; AROSTEGUI, J.; VIÑAS A.; CARDONA G.; BRICALL, J. M.: *La Guerra Civil 50 años después*. Barcelona: Editorial Labor, 1985.
[62] GIRALT I RABENTÓS, E. (dir.): *El Franquisme i l'oposició: una bibliografia crítica (1939-1975)*. Barcelona: Enciclopèdia Catalana SA, 1981.
[63] BENET, J.: *Qué fue la guerra civil*. Barcelona: La Gaya Ciencia, 1976.
[64] MOLINERO, C.; YSÀS, P.: *La anatomía del franquismo. De la supervivencia a la agonía.1945-1977*. Contrastes, 2008.
[65] COLOMER, J. M.: *Cataluña como cuestion de estado*. Tecnos, 1986.

d'autors estrangers. És més: les interaccions d'autors espanyols amb alguns d'aquells hispanistes estrangers començava a ser molt profitosa. El tema de la repressió, del cost humà del conflicte, aspectes de la vida a la rereguarda, l'impacte de la guerra en els àmbits local i comarcal, la política cultural, la propaganda, els refugiats i l'actitud dels intel·lectuals seran els nous temes que centraran aquesta proposta multipolar de la historia de la GCE.

Amb el canvi de mil·lenni s'ha accentuat l'estudi historiogràfic de la Guerra Civil, i s'ha expandit en noves direccions. Cal destacar també un nou rebrot de la historiografia neofranquista. Parlem de produccions emparades per determinades empreses editorials i mitjans de comunicació, i que fins i tot han provocat l'aparició d'obres que tenen com a nexe discursiu la crítica a la poca honestedat i la falta de rigor en l'ús de les fonts i en la imparcialitat acrítica d'aquests *propagandistes*.[66] Sota el meu parer no caldrien aquest tipus de llibres ja que aquests revisionismes, tot i que tenen cabuda en determinats mitjans *intereconòmics*, tenen en definitiva poc ancoratge acadèmic (a pesar d'autors que participen d'aquesta òrbita plutònica, com el senyor Stanley Payne, qui catalogava l'alçament amb la terminologia tan actual de "cop d'estat preventiu"). Malpenso que encara els falta alguna persona amb prou categoria que pugui afirmar, a la manera de François Furet, que *ha sonat l'hora que la guerra civil s'acabi i es pugui considerar per tant com a objecte científic*[67].No obstant hi ha detalls aportats pels revisionistes que no s'han de menystenir del tot, doncs malauradament aquests tipus d'autors arriben a fons que són innaccesibles per altres tipus d'historiadors. En els últims anys també han aparegut volums d'història com la molt mediàtica obra d'A. Beevor *La guerra Civil Española,*[68] una síntesi de les bibliografies existents que se centra en els aspectes militars. També en l'aspecte del paper de la intel·lectualitat s'ha treballat molt, tant des del vessant dels prohoms que van defensar la legalitat republicana i els que van propiciar amb els seus escrits la sublevació facciosa com en el de les depuracions exercides sobre el món dels professors universitaris o dels simples mestres d'escola, tema treballat per F. Morente.[69]

---

[66] REIG TAPIA, A.: *Anti-Moa.* Barcelona: Ediciones B, 2006.
[67] Amb referencia a la mateixa frase, però amb la Revolució Francesa com a objecte, escrita a FURET, F.: *Pensar la revolució francesa.*
[68] BEEVOR, A.: *La Guerra Civil Española.* Barcelona: Crítica, 2005
[69] MORENTE VALEO, F.: *La depuración del Magisterio nacional (1936-1943): La escuela y el Estado Nuevo.* Valladolid, 1997.

Com a tendència que no decreix hi ha els estudis d'història local. Les publicacions en aquest camp són molt diverses i variades, i la qualitat heterogènia. Hi ha obres de notable interès, com la de J. Ortiz sobre la sublevació i la repressió a Sevilla el 1936,[70] o fins i tot estudis més globals que estudien els recorreguts dels nens republicans a l'exili, com els de César Alcántara.[71] Els arxius oberts a l'antiga URSS han donat peu a noves investigacions com la d'A. Elorza i M. Bizcarrondo,[72] J. Puigsech[73] o D. Kowalsky.[74] Aquests treballs localistes tenen una notable importància per la seva interrelació posterior amb línies d'interpretació més globals. Cal destacar també un llibre col·lectiu fruit de la millora de coneixement d'aquest arxius russos: *Los rusos en la guerra civil de España*, editat per la Fundación Pablo Iglésias.[75]   Per finalitzar aquest repàs de la bibliografia sobre la Guerra Civil, vull destacar alguns excel·lents treballs sobre qüestions que en els últims temps més s'han estat treballant arreu del país, com ara el tema de la violència política i la repressió –Javier Rodrigo, per exemple, quant a l'estudi dels camps de concentració,[76] José Luis Ledesma,[77] Conxita Mir, tant en el camp del món rural de posguerra[78] com en el camp d'estudis específics sobre la justícia i la seva aplicació,[79] Mirta Núñez, amb treballs específics sobre aspectes sanitaris en les brigades Internacionals,[80] i molts altres– així com qüestions de caràcter simbòlic i cultural de la GCE, aspectes treballats pel professor de la Universitat de Santiago Núñez Seixas (en el cas de les identitats nacionals que tenen a veure amb el període), Javier Ugarte (sobre l'homosexualitat durant el franquisme[81]), Zira Box (sobre la concepció simbòlica del

[70] ORTIZ, J: *Del golpe militar a la Guerra Civil. Sevilla, 1936*. Sevilla: RD Editores, 2006.
[71] ALCÁNTARA, C.: *Els nens de l'exili. 1936-1939. Històries d'un èxode oblidat*. Barcelona: Columna, 2006.
[72] BIZCARRONDO, M.; ELORZA, A.: *Queridos camaradas: la Internacional Comunista y España, 1919-1939*. Planeta, 1999.
[73] PUIGSECH, J.: *Entre Franco y Stalin. El difícil itinerario de los comunistas en Cataluña, 1936-1949*. Editorial Ediciones de Intervención Cultural, S.L, 2009.
[74] KOWALSKY, D.: *La Unión Soviética y la guerra civil española. Una revisión crítica*. Critica, 2004.
[75] DA.: *Los rusos en la guerra civil de España*. Madrid: Fundación Pablo Iglésias, 2009.
[76] RODRIGO, J.: *Hasta la raíz: violencia durante la Guerra Civil y la dictadura franquista*. Alianza Editorial, 2008.
[77] LEDESMA, J. L. : *Los días de llamas de la revolución. violencia y política en la retaguardia republicana de zaragoza durante la Guerra Civil*. Institución Fernando el Católico, 2003.
[78] MIR, C.; AGUSTÍ, C.; GELONCH, J. (ed.): *Pobreza, marginación, delincuencia y políticas sociales bajo el franquismo*. Lleida: Universidat de Lleida, Servei de Publicacions, 2005.
[79] MIR, C.: *Vivir es sobrevivir: justicia, orden y marginación en la Cataluña rural de posguerra*. Milenio, 2000.
[80] DA.:(REQUENA GALLEGO, M.; SEPÚLVEDA LOSA, R. M., coord.) *La sanidad en la Brigadas Internacionales*. Cuenca: CEDOBI, 2006.
[81] UGARTE, J.: *Una discriminación universal: la homosexualidad bajo el franquismo y la transición*. Barcelona:

franquisme[82]), Ferran Gallego (un historiador del totalitarisme, amb un llibre emprat aquí sobre el Maig del 37 barceloní[83]) i Francisco Morente (autor que ha tractat entre d'altres temes els aspectes educacionals d'ambdós bàndols, les depuracions franquistes a l'escola catalana del primer franquisme, la universitat franquista i la feixista vista en la història comparada, el trànsit cap a l'exili dels pedagogs republicans exiliats i fins i tot estudis sobre la falange i el discórrer d'un personatge que ens interessa molt en aquest treball ja que va ser cap de la propaganda facciosa en els primer temps del franquisme: Dionisio Ridruejo[84]).

Colección G., 2008.

[82] BOX, Z.: *España, año cero: la construcción simbólica del franquismo*. Madrid: Alianza, 2010.

[83] GALLEGO MARGALEF, F.: *Barcelona, mayo de 1937: la crisis del antifascismo en Cataluña*. Barcelona: Debate, 2007

[84] MORENTE VALERO, F.: *Dionisio Ridruejo: del fascismo al antifranquismo*. Madrid: Síntesis, 2006.

1.3 Una historiografia de la *Història de la Fotografia.*

El punt de partida per recollir les aportacions de la fotografia en la història no és gaire fàcil i el model vigent, que arrenca dels anys 80 del segle passat, està tot just a l'inici d'una mena de deconstrucció, cercant encara les seves vaporoses fronteres. Jean-Claude Lemagny deia el 1981 que aquesta *"fotohistoria"* s'havia de fer des de el nucli fotogràfic i denunciava la "canibalització" que suposa emprar la fotografia per fer "histories particulars". El professor Angello Schwartz va predir amb nitidesa una realitat d'avui dia: el fet que una historia de la fotografia ja no es pot fer sense una confrontació amb altres històries particulars, amb una història global, si no es vol que els historiadors de la *Història de la fotografia* restin en un *guetto* separats del seu continent natural. La metodologia per fer aquest tipus d'història és complicada, i va ser explicada per Laurent Roosens ja el 1985: *"El pes amuntegat sota la Historia de la fotografia per la historia de l'art tradicional i l'absència d'un vocabulari específic amb una taxonomia pròpia que retarda un desenvolupament com a disciplina autònoma. 2. La necessitat de posar en contacte la historia de la fotografia amb la respectiva evolució cultural, política, científica i amb l'entorn socioeconòmic, elucidant la interpenetració i la interdependència que es deriva d'aquesta situació. 3. La necessitat de revisar els texts per presentar visions diferents a la historia de la fotografia ja establerta. 4. La historiografia fotogràfica ha d'elaborar una teoria vàlida i una classificació uniforme basada en definicions acceptades. 5. Ha de veure's la imatge fotogràfica i no el fotògraf com el centre d'una cadena continua en el procés gràfic. 6. La qüestió de l'objecte d'investigació fotohistòrica no ha estat encara resposta satisfactòriament.*[85]

I és que la qüestió de l'objecte d'investigació no està ni de bon tros resolta. Tot i la lenta introducció en l'àmbit universitari de la història de la fotografia des dels anys 80, aquesta introducció s'ha fet més en l'àmbit de les facultats de Belles Arts i d'Història de l'Art que no pas des dels diferents departaments d'Història Contemporània. En aquesta mitja generació que va de 1980 a 2011 la imatge s'ha convertit en un producte cultural socialment molt ben acceptat i, acadèmicament, ha guanyat respecte: un exemple d'això el tenim en les jornades bianuals *"Antoni Varés"* sobre *"Imatge i investigació històrica"* propiciades per l'ajuntament de Girona des de 1990 i que han propiciat focalitzar els

---

[85] ROOSENS, Laurent: *"Which history of photography?"* a *Proceedings and papers at he European Society for the Historiy of Photography.* Bradford, 1985. Citat per Bernardo Riego (RIEGO, B.:*La historiografía española y los debates sobre la Fotografía como fuente histórica.* Pàg. 106.
www.ahistcon.org/docs/ayer/ayer24_06.pdf

problemes conceptuals entre la imatge i la història entre historiadors locals; un altre bon exemple és el seminari permanent sobre *Historia y fotografía* a la *Universidad Carlos III* de Madrid. Tots aquests esforços han fet que s'abandonessin els estudis "d'eluvió" de la dècada anterior i han propiciat la construcció d'eines metodològiques que encara estan en evolució i que permeten un estudi de l'objecte allunyat de la *"fotohistòria"*, terreny aquest on massa sovint les anàlisis quedaven condicionades per la Història de l'Art, i on sovint el lligam entre *l'obra fotogràfica* i el seu temps quedava descontextualitzat.s'ha de remarcar que la tasca de donar un caràcter explicatiu a tot el conjunt de la *història de la fotografia* no s'ha completat. Molt recentment podem trobar treballs en aquesta línia com els de la Marie-Loup Sougez en la seva *Historia General de la fotografia* del 2007.[86] Altres intents anteriors com el de Beaumont Newhall el 1949[87] incorporaven referències però sempre amb una concepció no estrictament històrica, sinó des de el punt de vista de la Història de l'Art –ell era llicenciat en Història de l'Art–. Newhall recollia totes les microvisions històriques fetes per un munt d'autors, i, tot i que el prisma d'anàlisi eren els corrents de l'art, va fer una exhaustiva explicació del fet fotogràfic a través del temps, advertint la dualitat seminal de la fotografia en el pròleg del seu llibre: *"Des de l'any 1839 la fotografia ha estat un mitjà per a la comunicació i l'expressió. El creixement d'aquesta contribució a les arts visuals és el tema d'aquest llibre. És la Història d'un mitjà expressiu més que d'una tècnica (...) La fotografia és a la vegada una ciència i un art i ambdós aspectes apareixen inseparablement lligats al llarg del seu prodigiós ascens, des de ser un substitut per a l'habilitat manual fins a ser una forma artística independent. La tecnologia de la fotografia apareix considerada en aquest llibre quan afecta el fotògraf. No s'ha formulat, però, cap intent d'explicar la teoria científica del procés fotogràfic"*[88]

El problema de com solucionar aquesta "estratificació cultural", que impossibilitava el 1985 l'acostament d'especialistes en història general, encara persisteix i s'acostuma a resoldre amb un aprofitament parcial de les fonts icòniques per part dels historiadors. Fotografia com a art? Fotografia com a fet tecnològic? Fotografia com a fet sociològic? Fotografia com a fet cultural? Mirar enrere sovint també significa mirar endavant. Als Estats Units, lloc que va ser centre d'arribada de molta de la migració

---

[86] SOUGEZ, M. L.: *Historia general de la fotografía.* Cátedra. 2007.
[87] NEWHALL, B.: *Historia de la fotografía.* Gustavo Gili, 2002.
[88] BEAUMONT NEWHALL: *Historia de la fotografía,* Barcelona: Gustavo Gili, 2002 (2a ed.), Prefaci, pàg. 7.

intel·lectual foragitada de l'Europa en guerra, es va desenvolupar l'obra de dos brillants fotògrafs durant el primer terç del segle XX: Edward Steichen i el seu soci, Alfgred Stieglitz. Tots dos, brillants fotògrafs, van aportar a part de la seva important activitat cultural a la *galeria d'art 291*[89] una visió que cada cop es decantavamés a vincular la fotografia amb la societat a través dels mitjans de comunicació massiva. Aquesta visió va ser estroncada posteriorment pel gran ascendent de Newhall i autors com Szarkowski.[90] No és estranya aquesta marginació d'aquest punt de vista "social" de la fotografia davant els aires anticomunistes que es respirarien al voltant del segon terç de segle XX. Després de Newhall hi va haver un munt de hereus que van aportar nous aspectes com Raymond Lécuyer,[91] Peter Pollack,[92] André Vigneau,[93] i Emmanuel Sougez.[94] Són de destacar les aportacions de Helmut Gersheim,[95] exiliat alemany, fotògraf i historiador que va ajudar a modelar la manera com les informacions provinents de les imatges s'inserien en un discurs històric. Una passa endavant la va donar John Szarkowsi, historiador de l'art –i historiador– que serà capaç de construir una H*istoria de la Fotografia* sota el paradigma de la modernitat com a punt àlgid. Això no obstant, la seva visió tendirà en el temps a desvincular-se de tota cadena de condicionants històrics. De fet Szarkowsky arribà a proclamar una mena de condició "autàrquica" de la fotografia.[96]Més endavant i en consonància amb l'època, noves visions van aparèixer en aquest camp. S'han de destacar les interseccions provocades per la sociologia, que explotà els anys 60 i 70 però que té un

---

[89] La galeria, creada el 1905, no tenia els paràmetres que tenen les galeries a l'actualitat: eren més aviat centres de difusió d'idees i d'intercanvi intel·lectual i estètic més que punts de transferències d'art/capital i viceversa. Ells van ser els capdavanter de la photo-secession, una nova premissa que trencava amb el pictoralisme imperant i que proclamava la fotografia com a Art amb majúscula. Foren també els grans introductors de les avantguardes pictòriques a Nord-amèrica; de fet, va ser la primera galeria americana on exposà Picasso, el 1911.

[90] SZARKOWSKY, J.: *The photographer's eye*. New York: Museum of Modern Art, 2007.

[91] LÉCUYER, R.: *Histoire de la photographie.The Sources of modern photography*. Arno Press, 1979.

[92] POLLACK, P.: *The picture history of photography: from the earliest beginnings to the present day*. Michigan. H. N. Abrams, 1969.

[93] VIGNEAU, A.: *Encyclopédie photographique de l'art: The Photographic encyclopaedia of art, Volumen 3*. Éditions "Tel", 1938.

[94] SOUGUEZ, E.: *Antológica Emmanuel Souguez (1889-1972): Sala de Exposiciones del Canal de Isabel II, abril-junio 1995*. Comunidad de Madrid: Dirección General de Patrimonio Cultural, 1995.

[95] GERSHEIM, H.: *Concise History of Photography*. Peter Smith Pub Inc., 1986.
Gràcies a les seves recerques i la seva perseverança va poder trobar la pista a famosa foto de Niépce del 1826: *Point de vue pris d'une fenetre du Gras*, la primera fotografia coneguda que demostrava l'anterioritat de Niépce respecte a Daguerre en la invenció de la fotografia.

[96] EISINGER, Joel: *Trace and Transformations: American Criticism of Photography in the Modernist Period*. Alburquerque: University of New Mexico Press, 1955.

---

digne antecedent en l'obra de Gisèle Freund, la fotògrafa comunista foragitada pel nazisme. La seva tesi doctoral, presentada el 1935 amb el títol *La photographie en France au dix-neuvième siècle: Essai de sociologie et d'esthétique* oferia per primera vegada una lectura de la Història de la fotografia sota paràmetres sociològics. El 1975 sortiria la seva coneguda obra, citada pràcticament a tot arreu, *Photographie et Societé,* coneguda als països de llengua castellana com —quina mania hispana a canviar el títol original de les coses— *"La fotografia com a documento social".*[97] Amb aquest llibre es lligava fotografia amb l'explicació històrica de la fotografia i de les expressions artístiques amb els canvis socials d'aquesta, i s'hi començava a perfilar com la imatge fotogràfica pot transformar la nostra realitat social. És important recordar-ho: aquesta fotògrafa berlinesa va veure el sorgiment i els desenvolupament del nazisme i les seves conseqüències. De fet, gran part d'aquells que van formular consideracions teòriques sobre la fotografia lligades al fet social també van patir les conseqüències del nazisme. Ens ha d'estranyar doncs l'ascendent que la fotografia va tenir –i té– entre les sensibilitats polítiques liberals i esquerranes? Podem comprendre que el feixisme en l'Art potser fascinà inicialment, però no tardà gens a decepcionar?

Seguint la estela de Freund apareix l'obra de Pierre Bourdieu amb una recerca conscient de les regles que regeixen l'ús de les fotografies en els àmbits quotidians. En el seu llibre *Un art mitjà: Assaig sobre els usos socials de la fotografia* ens diu: *"Comprendre adequadament la fotografia (...) no és només recuperar les significacions que proclama (és a dir, en certa mesura, les intencions explícites del seu autor) és també desxifrar l'excedent de significació que revela, en la mesura en què participa de la simbòlica d'una època, d'una classe o d'un grup artístic"*[98]

Als anys 70 la fotografia, amb el suport d'un mercat creixent, va adquirir un pes notable en estudis i universitats on es van elaborar diferents discursos, des de la visió estilitzant del modernisme fins al vessant institucional reflectit en la museïtzació de l'obra fotogràfica. Paral·lelament entraven diverses matèries en el nucli de debat: la semiòtica, l'estructuralisme, la psicoanàlisi, la lingüística, etc. que prefiguraven la tònica que conduiria a una hegemonia del caràcter postmodernista de les explicacions. Aquestes

---

[97] FREUND, Gisèle: *La fotografia como documento social.* Barcelona: Gustavo Gili, 1976.
[98] BOURDIEAU, P.: *Un arte medio: ensayo sobre los usos sociales de la fotografia.* Barcelona: Gustavo Gili, 2003, pàg. 44.

visions cristal·litzaran en l'obra de Rosalind Krauss,[99] on s'enfrontarà al fet de la translació en la fotografia dels mateixos paràmetres que regeixen la Història de l'Art i que eren defensats des de l'època de Newhall. Krauss negarà la puresa de la fotografia i obrirà un ventall interpretatiu en què es consideraran els usos de la fotografia a través de la història i en diferents contexts. Als anys 80, en plena època postmodernista apareixen dos altres tòtems de la historiografia sobre la història de la fotografia: Sontag i Barthez. Susan Sontag va ser l'autora de *On Photography*[100] un llibre que es va incloure dintre dels 20 llibres més llegits del 1977.[101] Aquesta obra va saber copsar la fotografia com una de les forces més importants de la societat en la seva totalitat més enllà de la diversificació de tècniques i usos. En el llibre, que era la recopilació de 7 assaigs que l'autora havia anat fent al *New York Review of Books,* l'autora afirmava: *"Tot va començar amb un assaig sobre alguns dels problemes estètics i morals plantejats per l'omnipresència de les imatges fotogràfiques; però com més pensava en el que són les fotografies, més complexes i suggestives les trobava".*[102]

Un xic més endavant apareixia una de les grans propostes explicatives i enciclopèdiques de la mà dels francesos Jean-Claude Lemagny, conservador de la col·lecció de fotografia contemporània de la *Bibliothèque Nationale* i André Rouillé, professor d'Història de la Fotografia de la Universitat de París. La característica principal del llibre que van elaborar com a autors i coordinadors[103] era l'acceptació de la impossibilitat d'una construcció objectiva i total de la història de la fotografia, una construcció que van substituir pels diferents enfocaments dels disset especialistes que van treballar en el llibre. Al pròleg ja hi apareix, ben clara, la postura del coordinador del llibre: *"Pensem que ha passat ja el temps en què un sol autor podia escriure tota la seva història. Almenys en la mesura que no hem volgut escriure un gran manual, precisament perquè la fotografia constitueix una camp en què convé, no només instruir-se, sinó també interrogar-se".*[104] Similar va ser la postura del llibre *Nouvelle Historie de la Photographie*, coordinat per Frizot.[105] Un excel·lent llibre elaborat per 34 autors especialistes que donava al voluminós llibre un to polifònic

---

[99] KRAUSS, R.: *The optical unconscious*. Massachussets I.T. MIT press, 1994.
[100]SONTAG, Susan: *On Photography*. Nova York. 1973. En castellà: *Sobre la fotografia*. Edhasa, 1996.
[101]http://en.wikipedia.org/wiki/On_Photography
[102]SONTAG, Susan: *Sobre la Fotografia*. Edhasa, 1996. Citació a la introducció del llibre.
[103]LÉMAGNY, J. C.; ROUILLÉ, A.: *A History of photography: social and cultural perspectives*. Cambridge University Press, 1987.
[104] LEMAGNY, Jean-Claude: *Historia de la fotografia*. Barcelona: Alcor, 1988, «Introducció».
[105] FRIZOT, M. (coord.): *Nouvelle histoire de la photographie*. Larousse, 2001.

en el qual predominava una separació explícita i diferenciada de les explicacions clàssiques de la Història de l'Art. Posteriorment, el 1984, ha aparegué *A world History of photography*,[106] de Naomi Roseblum, una autora que donarà més endavant una visió de gènere a la historiografia sobre aquest tema. Res gaire diferent del que passava en altres camps de la història i altres ciències socials. Aquesta tendència a compartimentar l'activitat humana en una visió de gènere o en categories separades –i fins i tot estanques– va continuar. Un exemple el temin en una història de la fotografia feta per autors negres realitzada per Deborah Willis l'any 2000.[107] Aquesta autora incorporava clarament les premisses de Barthez i la *contaminació* inevitable de la fotografia en un gran ventall de discursos sincrònics (sociologia, semiòtica, psicoanàlisi, etc.) que oferiran resistències a qualsevol sistema explicatiu de caràcter reductiu....i després de tot plegat, com podem integrar aquestes dues tradicions historiogràfiques, de dos disciplines diferents, en un estudi concret.

1.4 Una historiografia combinada de la història i fotografia en la GCE.

Com s'ha dit al pròleg, aquest treball pretén ser bastant dual. S'ha hagut de recórrer tot sovint a la *historiografia de la Història de la Fotografia* i veure què s'havia escrit amb referència a la fotografia feta durant la GCE. La historiografia d'aquest tema específic és bastant escassa i esta formada per obres força recents. Amb sort es pot trobar alguna cosa si traspassem uns escassos trenta anys. També s'ha d'advertir que aquesta historiografia ha tingut a la península Ibèrica un notable *décalage*, si bé no tant en els inicis de la *història de la fotografia* a casa nostra ni tampoc en l'actualitat, sí durant gran part de la segona meitat del segle XX sobretot pels desastrosos efectes culturals del règim franquista. El panorama va canviar durant els 80 quan comença a aparèixer l'obra de Publio López Mondéjar amb el llibre *"Retratos de la vida"*.[108] Mondéjar es convertí a poc a poc en un dels referents del la història de la fotografia a Espanya amb la trilogia de *"Las Fuentes de la Memòria"*,[109] un sòlid treball sobre la història de la fotografia a Espanya des de principis de segle XIX fins a la dictadura de Franco que ha estat consultat (sobretot el

---

[106] ROSEBLUM, N.: *A world history of photography*. Abbeville Press Publishers, 2007.
[107] WILLIS, D.: *Reflections in Black a History of Black Photographers 1840 to the present*. New York Norton & Co. Ltd., 2000.
[108] LÓPEZ MONDEJAR, P.: *Retratos de la vida: 1875-1939*. Lunwerg, 1989.
[109] LÓPEZ MONDEJAR, P.: *Las fuentes de la memoria.Vol.I*. Lunwerg, 1989.

---

segon volum[110]) en aquest treball de recerca. En menys consideració tenim obres il·lustrades de vocació més didàctica que històrica. Potser la més meritòria podria ser l'*Atlas Ilustrado de la Guerra Civil Española*, prologat per Preston. Això no obstant, històricament l'obra no té gaire pes i és un simple resum il·lustrat.[111] Una obra similar, de caràcter generalista i educatiu però d'un notable nivell dintre de la seva esfera és *Història, política, societat i cultura dels Països Catalans*, una magna història al 9è volum de la qual,[112] dirigit per Borja de Riquer i amb Manel Risques com a cap d'il·lustració i la historiadora Virtuts Angulo com a cap de la documentació fotogràfica, es fa un notable esforç per inserir a cada pàgina fotografia i text, sempre però amb la preeminència i la batuta del text (cosa que no es pretén, com es veurà més endavant, en l'exercici pràctic d'aquest treball fet sobre les fonts d'arxiu). Digne d'esment ha estat l'infatigable treball de Romà Gubern, ja des de finals dels anys 70, sobre la imatge (en especial el cinema, i més en profunditat el còmic).[113]

Estrictament sobre fotografia cal destacar el vessant reflexiu i prolífic de l'obra escrita de Joan Fontcuberta, Premi Nacional de Fotografia 1998, i actual professor d'Estudis de Comunicació Audiovisual a la Universitat Pompeu Fabra. Aquest autor català desenvolupa una història de la fotografia molt lligada a una concepció històrica de la fotografia.[114]. Per a ell no es pot concebre una fotografia sense context històric, i ofereix un mètode per abordar la fotografia sempre amb connotacions històriques. L'autor barceloní també ha reflexionat molt sobre els llargs debats de formació de l'especifitat fotogràfica fets des de finals del XIX i sobre com aquest debats han estat trencats per l'arribada global de la imatge al món contemporani. La fotografia, segons Fontcuberta, ha adquirit una consciència precisa de la seva especifitat perquè ha resultat

---

[110]LÓPEZ MONDÉJAR, P.: *Las fuentes de la Memória II. Fotografía y sociedad en España 1900-1939*. Lunwerg, 1992.

[111]DE ANDRÉS, J.; CUÉLLAR, J.: *Atlas ilustrado de la Guerra Civil Española*. Prólogo de Paul Preston. Madrid: Susaeta.

[112]DA, Borja de Riquer (coord.): *Història, Política, Societat i Cultura dels Països Catalans. Volum 9. De la gran esperança a la gran ensulsiada. 1930-1939*. Barcelona: Enciclopèdia Catalana, 2001.

[113]GUBERN, R.: *Mensajes icónicos en la cultura de masas*. Barcelona: Lumen, 1974.
GUBERN, R.: *Literatura de la imagen*. Barcelona: Salvat, 1974.
GUBERN, R.: *El cine sonoro en la II República (1929–1936)*. Barcelona: Lumen, 1977.
GUBERN, R.: *Comunicación y cultura de masas*. Barcelona: Península, 1977.
GUBERN, R.: *1936–1939: La Guerra de España en la pantalla. De la propaganda a la Historia*. Madrid: Filmoteca Española,1986.

[114]FONCUBERTA, Joan (ed): *Fotografía: Crisi de Historia*. Actar, 2002.

---

ser un dels vectors que conformen la complexa identitat contemporània. L'autor va col·laborar en una competent *"Introducció a la Història Fotogràfica de Catalunya"*[115] elaborada per una sèrie d'autors a banda de Fontcuberta com J. Naranjo, P. Formiguera i D. Balsell, entre d'altres.   També hem de destacar l'obra de Salvador Obiols amb el seu llibre sobre la fotografia a Catalunya en el període 1900-1936.[116] Però potser qui més s'ha acostat al període d'aquest treball de recerca és el llibre *La Guerra Civil Espanyola : fotògrafs per a la història,*[117] un catàleg de l'exposició homònima, sota la direcció de David Balsells, que es va fer el 2001. Un altre autor treballat aquí és el finat Josep Maria Huertas Claveria, compositor d'un llibre anomenat *"Catalunya en guerra i postguerra"*[118] on s'estudien les fotografies de Josep Maria Pérez Molinos, possiblement el fotògraf acreditat més jove de tota la GCE.   Sorprenentment el tema concret del fotoperiodisme, malgrat la seva importància decisiva en la història de la la premsa, va trigar a merèixer estudis focalitzats. Molt esbiaixadament el fotoperiodisme va aparèixer en obres generalistes sobre la fotografia a l'Estat espanyol escrites per J. M. Casademons; i per J. Fontcuberta en les obres de P. Tausk i de B. Newhall (del 1978 i 1984 respectivament); o en la col·lectiva *Història de la fotografia espanyola 1839-1986.*[119]

Una primera utilització a gran escala de les fonts proporcionades per la premsa es donà en l'obra d'E. Vallès *Història gràfica de Catalunya* (1975-1980, 6 volums) i en el catàleg de l'exposició sobre la Guerra Civil Espanyola (1981; també a *Guerra Civil. Visions de guerra i de reraguarda,*[120] coordinat i prologat per J. Fontana (1977) i en l'obra col·lectiva *Fotografia e información de guerra: España 1936-1939.*[121] Més tard aparegué l'indispensable estudi sobre el fotoperiodista Agustí Centelles, també en ocasió d'una exposició;[122] la sèrie de minibiografies de fotògrafs de premsa de J. Cruañas (a *Capçalera,*

---

[115] NARANJO, J.; FONTCUBERTA, P.; FORMIGUERA, P.: *Introducción a la Historia Fotográfica de Cataluña.* Barcelona: Lunwerg/MNAC, 2000.

[116] OBIOLS, S.: *Catalunya: imatges d'un temps (1900-1936).* Espasa Calpe, 1993.

[117] BALSELLS, D.; BERRIO, J.; RIGOL, J.: *La Guerra Civil espanyola. Fotògrafs per a la història.* MNAC, 2001.

[118] HUERTAS, J. M.: *Catalunya en guerra i en postguerra: fotografies de Josep María Pérez Molinos.* Viena: Ed. Barcelona, 2005.

[119] DA (Miguel Ángel Yáñez Polo, Luis Ortiz Lara, José Manuel Holgado Brenes, Sociedad de Historia de la Fotografía Española): *Historia de la fotografía española, 1839-1986: actas del I Congreso de Historia de la Fotografía Española.* Sevilla, 1986.

[120] FONTANA, J. (coord.): *Guerra Civil. Visions de guerra i de reraguarda.* Visions, 1977.

[121] CANTIERI, G.; ROMAGUERA I RAMIÓ, J.: *Fotografia e información de guerra: España 1936-1939.* Barcelona: Gustavo Gili, 1977.

[122] CENTELLES, A.; CENTELLES OSSÓ, A.; BERGA, M.: *Centelles: las vidas de un fotógrafo, 1909-1985.*

des del seu primer número, el 1989), i l'article de J. L. Gómez Mompart (*L'origen de la comunicació visual de masses. 1936-1939*[123]). També lloable és el treball de M. Lefebvre i Rémi Skoutelsky[124] amb el rastreig i l'estudi dels fons fotogràfics que tenen a veure amb les Brigades Internacionals, cosa que completarà tot el ventall d'estudis que s'havien fet sobre aquests voluntaris. Finalment, el 1990 veié la llum *Historia del fotoperiodisme a Catalunya,1885-1976*[125] de J. Fabre, fet amb motiu, novament, d'una altra exposició. D'altra banda, aquests darrers anys s'ha expandit la tendència a fer estudis de fotògrafs, a historiar localitats, fets, moviments i institucions a través de les imatges. Fins i tot hi ha hagut tractament de gènere com el del llibre *Fotògrafes pioneres a Catalunya*[126] realitzat per diferents autors. També el cas d'E. Massanas a Girona és exemplar, fins l'extrem de promoure el 1990 i el 1992 sengles jornades sobre aquesta temàtica, fruit de les quals són els volums *La imatge i la recerca històrica: la fotoperiodística*. Així, a l'obra col·lectiva *La forca de la imatge, 150 anys de fotografia*[127] o a la serie de "L'Avenç", *Fotografia i societat,*[128] com també en el cas igualment exemplar de les obres de F. Farrés, *Fotografia històrica de Vic* i *Historia de la fotografia a la ciutat de Vic 1849-1930,*[129] o com l'estudi de la comunicació relatat a través de la comunicació de masses.[130] Com es pot veure, la tendència general a fer estudis locals també ha tingut ressò en l'àmbit de l'estudi de la fotografia amb les seves interconnexions amb la història. Aquesta tendència llarga prové de corrents de fons sentides en un ampli espectre de les ciències socials. En tot cas, tot i que avui és estrany que es faci un llibre sobre la GCE sense l'aportació valuosa de les imatges, encara s'està a les beceroles de completar tota la informació gràfica disponible del període i –sobretot–

Lunwerg Editores, 2006.

[123] GÓMEZ MONTPART, J. L.: *L'origen de la comunicació visual de masses. 1936-1939* (en pdf a Internet). *ddd.uab.cat/pub/analisi/02112175n13p129.pdf*

[124] LEFEBVRE, M.; SKOUTELSKY, R.; Bibliothèque de documentation internationale contemporaine (France); Musée d'histoire contemporaine: *Les brigades internationales: images retrouvées.* París: Seuil, 2003.

[125] FABRÉ, J.: *Historia del fotoperiodisme a Catalunya,1885-1976.* Barcelona: Agfa/MNAC,1990.

[126] DA.: *Fotògrafes pioneres de Catalunya.* Barcelona: Institut Català de les Dones. Generalitat de Catalunya, 2005.

[127] Museu de la Ciència i de la Tècnica de Catalunya: *La Força de la imatge: 150 anys de fotografia.* Generalitat de Catalunya, Departament de Cultura, 1990.

[128] FARIÑAS, J.; GIL, G.; NARANJO. J.: *Fotografia i societat. (I a VIII).* L'avenç, 1991-1992.

[129] FARRÉS I MALIAN, F.: *Historia de la fotografia a la ciutat de Vic: Homes, tècniques i maquines, 1849-1930.* Sabadell: AUSA, 1991.

[130] BERRIO, J.: *Un segle de recerca sobre comunicació a Catalunya: estudi crític dels àmbits de comunicació de massa.* Bellaterra: UAB (servei de publicacions), 1997.

---

d'indexar aquesta informació de manera pertinent en els estudis de caire històric.

II. Una història fotogràfica de la història europea del primer terç del segle XX

La càmera és la meva eina .

A través d'ella dono raó a tot el que em rodeja.

André Kertész

41

2· 1 La fotografia europea abans dels anys 20

A principis del segle XX la fotografia va passar a ser manipulada per àmplies capes de la població pertanyent a la mitjana i petita burgesia, i no només per joves burgesos diletants com havia estat passant fins llavors. Cal recordar que ja el 1888 aparegué la *Kodak núm1*. amb el seu famós lema *"You press de buttom, we do the rest"*.[131] Els misteris de la fotografia ja no eren exclusius d'esperits inquiets, de burgesos ociosos capaços de sufragar els costos dels materials. Amb la *Kodak* apareixia una càmera que ja no anava amb plaques de vidre sinó amb el còmode negatiu de film. Progressivament una gran quantitat de persones van deixar de recórrer al fotògraf professional per retratar-se; i l'ofici de fotògraf, ja altament inestable *per se*, és va fer encara més inestable a principis de segle XX, cosa que va propiciar les nombroses migracions de professionals cap a àmbits geogràfics on aquesta popularització no havia arribat. El fotògraf, que depenia cada cop més de la seva clientela, lluitava contra una creixent i atrevida competència en tots els àmbits: des dels retrats formals, a les simples *carte de visite;* des de la fotografia mortuòria a la perseguida –però d'altra banda popular – fotografia pornogràfica. El fotògraf es va veure progressivament obligat a baixar els costos i reduir la plusvàlua dels seus serveis. Un munt de fotògrafs *migraran* professionalment cap a territoris on encara la fotografia estava a les beceroles; anaven a la recerca de negoci ràpid, sense haver de lluitar en capitals atapeïdes com París o Londres (això succeí en el cas català amb l'arribada de fotògrafs francesos i britànics, i més tard d'italians, que impartiran cursos i establiran tallers a l'ús, popularitzant la fotografia).

Per descomptat l'arribada del film significà un progressiu abandonament de la placa de vidre, però la suplantació fou molt lenta, ja que tot i les facilitats per al revelat, les càmeres de film no eren precisament barates.[132] El problema principal de la placa no era pas el pes, sinó la fragilitat, ja que encara que el gruix de la placa augmentés aquesta continuava sent molt fràgil.[133] Malgrat la revolució de la fotografia amb l'arribada de la

---

[131]http://www.americanheritage.com/articles/magazine/ah/2003/5/2003_5_23.shtml
[132]Centelles va pagar 900 pessetes per la seva Leica de 35mm. el 1934. Quantitat gens menyspreable. FARRÉ, T.: *Apunts per una biografia*. dins DA: *Centelles, les vides d'un fotògraf*. Lunwerg, 2006, pàg 10.
[133]Segons trobem a *"pelìculas y placas"*, a la enciclopèdia pràctica de fotografia Kodak (Barcelona: Imprenta Hispano-Americana, SA, 1981, volum VII, pàg. 2091) tenim aquest gruixos de vidres a les plaques que s'utilitzaven a l'època:

FORMATS (en cm)   Gruix (en mm)

---

càmera de petit format cal dir que la càmera Kodak (i les d'altre marques) no va ser l'autèntica revulsió de la fotografia de tombant de segle. El fet més important per a la fotografia abans de desaparèixer al segle XIX fou la substitució de la placa humida per la placa seca, cosa que eliminava la necessitat de la immediata exposició després de la preparació de l'emulsió de la placa.[134] La millora de les emulsions van fer millorar les velocitats d'exposició, obligant d'aquesta manera a perfeccionar els obturadors, cosa que va anar paral·lela a la millora de les òptiques que permetran l'entrada d'una major lluminositat al material sensible. Això, que és com dir que s'aconseguiran velocitats més ràpides, permetrà dues coses: càmeres que funcionaran sense trípode i que podran captar el moviment en tota la seva complexitat. Aquests dos factors permetran una expansió considerable de la fotografia. La ciència serà des de aleshores una aliada en aquesta expansió i el binomi fotografia-ciència crearà una relació simbiòtica que produirà espectaculars resultats al llarg dels anys.

En aquesta relació simbiòtica la ciència utilitzarà la fotografia com a mitjà: amb ella finalment podrà il·lustrar i constatar les proves científiques que s'estaven duent a terme en aquell moment; per contra la fotografia *demanarà* a la ciència millores tècniques que ampliïn el seus registres. És pot dir que la fotografia trobà en la ciència un mitjà, i la ciència trobà en la fotografia les seves *proves*. Gràcies a aquest procés vertiginós en el temps apareixerà la microfotografia (Alfred Donné), l'estudi del moviment (Jules Marey i Edward Muybridge), l'estudi fisiològic de les plantes (Karld Blosfelt), l'estudi psicosociològic i fisiològic de l'home amb finalitats científiques i de control social (Albert Londe, Charcot, Alphonse Bertillon), la fotografia antropològica (Felice Beato, E.S. Curtis) i un llarg etcètera d'aplicacions concretes. Un munt de "fotografies" apareixerà i descobriran el món positivista que l'envolta amb l'energia d'un cadell jove.

Resseguint aquesta línia interpretativa ens adonem com, en el cas català, els

---

5,7 x 8,2; 6,5 x 9 ....1mm.
8.2 x 10,65 ; 9 x 12 ; 10 x 13.......... ....1,3mm.
13 x 18 ; 20 x 25...1,5mm.
28 x 35 (poc comú)..2,3mm.

[134]El 1871 el *British Journal of Photography* publicà una carta del metge Richar Maddox on es descrivia l'emulsió feta de gelatina. Una gelatina en aigua a la qual s'agregava una solució de bromur de cadmi i nitrat de plata que formava cristall de bromur de plata suspesos en gelatina. L'emulsió s'aplicava a la placa de vidre i després es deixava assecar. (cf. SOUGEZ, M. L.; PÉREZ GALLARDO, H.: *Diccionario de historia de la fotografía*. Madrid: Ediciones Cátedra, 2003. pàg. 282).

---

hospitals van ser un dels principals focus d'irradiació de la fotografia. Els més difusors de la fotografia a casa nostra van ser un grapat de metges que empraven assíduament la fotografia amb finalitats científiques. Era lògic que la curiositat innata d'aquells metges fes que provessin d'exposar la seva càmera al carrer.[135]La popularització i la progressiva empenta industrial del món tecnicofotogràfic obligà les cases comercials relacionades amb la fotografia a crear manuals que il·lustraven per als profans els procediments amb descripcions exactes.[136] De fet, a Catalunya, des del 1839 (el mateix any en que Daguerre exposà el seu invent a Paris de la mà de François Aragó, patrocinador de l'invent de Daguerre[137]) ja tenim traduccions d'aquests famosos manuals francesos.[138] El 1923 hi ha una versió al castellà de *"La fotografia sencilla y práctica"*, guia originàriament en anglès feta pels tècnics de Kodak.[139] No pocs fotògrafs aficionats –i professionals– obtindran els coneixements necessaris gràcies a aquest famós manual. És en aquest període concret de canvi on dues estètiques es van anar formant. Les dues estètiques afrontaran aquest procés democratitzador de la fotografia i actuaran de manera diferent. Uns encara lluitaran per fer-se un lloc dintre de l'Art practicant una disciplina –la fotografia– considerada menor; altres participaran alegrement d'aquesta democratització, d'aquesta fotografia pura, més enllà de qualsevol desig de reconeixement. És aquesta segona actitud fotogràfica la que finalment va conquerir l'estatus que l'Art no volia concedir als pictoralistes. Aquest procés va ser força llarg, no va ser d'un dia per l'altre. En el primer quart del segle XX la fotografia era ja un passatemps molt estès. Des de finals del segle

---

[135]En el següent capítol es reflecteix amb més extensió la relació del metges catalans amb l'ús i la popularització de la fotografia en la societat.

[136]FREUND, Gisèle. *La fotografia como documento social*. Barcelona: Gustavo Gil, 2002, pàg. 36.

[137]Va ser aquest polític rossellonès qui va jugar un paper decisiu per garantir la publicitat i el finançament per Daguerre el 1839. En nom dels avantatges de la fotografia a l'estranger per tal de donar un premi en metàl·lic a l'inventor del daguerreotip: "Per copiar els milions i milions de hieroglífics que recobreixi totalment els grans monuments de Tebes, Memfis i Carnac, etc., requeriria desenes d'anys i legions d'artistes i que amb el daguerreotip d'un home sol seria suficient per portar aquest treball a una gran conclusió feliç". Com a resultat pecuniari de tot plegat deu mil francs van ser otorgats pel descobriment, i quatre mil d'aquests van anar a parar a mans del fill de Niépce, l'altre inventor en qüestió. Respecte a Hippolyte Bayard, el tercer inventor francès de la fotografia i que havia enginyat un procés abans de Daguerre, Aragó li aconsellà de no parlar de seu descobriment, i per tant li va negar el premi que també es mereixia.
http://www.rleggat.com/photohistory/history/arago.htm

[138]NARANJO, J., dins DA: *Introducción a la Historia de la fotografía en Catalunya*. Barcelona: Lunwerg Editors, 2000, pàg. 12.

[139]Versió traduïda al castellà per D. Adolfo Jordà. S.A. "Kodak" Madrid-Barcelona.

XIX, la indústria fotogràfica es va preocupar per baixar els preus i renovar els seus productes, amb la finalitat de conquerir el nou mercat d'afeccionats. Per una banda va aparèixer una fotografia versàtil, de petit format, que documentava la vida privada, familiar i l'entorn quotidià, i per una altra hi havia el fotògrafs professionals, tancats en els seus cenacles artístics i societats de fotògrafs on practicaven un pictoralisme academicista que imitava la pintura i que intentava lluitar contra els menysteniment dels cercles artístics tradicionals vers la fotografia. Aquests practicaven una fotografia "imitadora" de l'art pictòric mitjançant l'ús de gomes bicromatades, carbons, fressons i bromurs que allunyaven la fotografia de la concepció "cientificoespeculativa"[140] tan pròpia de la fotografia. El pictoralisme com a corrent artístic va tenir una gran vigència fins l'arribada de les noves tendències del segle: la *nova objectivitat alemanya*, les avantguardes i la fotografia pura. El fet que es millorés el temps d'exposició de les càmeres i la possibilitat de poder retratar el món sense la considerable abstracció que provocava els temps llargs d'exposició sobre subjectes en moviment acabarà per trencar el rol de prestigi del pictoralisme: Un altre tipus de fotografia serà possible. L'art en la fotografia que concebien els pictoralistes era la no-concreció, el desenfocament, i una fotografia més propera a la pintura vuitcentista. Fins i tot els fabricants de lents elaboraven per a ells òptiques que produïen el lleuger desenfocament que els fotògraf pictoralistes desitjaven.[141] El pictoralisme celebrava més els difuminats que recordaven les pintures i no pas la nitidesa que la fotografia –que juntament amb la ciència– podia proporcionar. S'hauria d'esperar l'escomesa de les avantguardes per celebrar la fotografia

---

[140]I amb aquest terme adjunto, amb tota consciència, l'accepció *speculum* (mirall) de la paraula especular, adjuntada a la paraula científica. Foncuberta a "El beso de Judas" ens alerta molt sobre l'etimologia d'aquesta paraula. El daguerreotip era de fet una superfície especular, el "mirall de la memòria" a què feia referència Oliver Wendell Holmes el 1861. En la fotografia roman una anomenada teoria del mirall que és en si una paradoxa. Espill prové de *speculum*. I *Speculum* significa observar el cel i els moviment relatius dels estels amb l'ajuda d'un mirall. Més tard d'aquesta paraula sorgirà el mot *especulació*. La paradoxa del mirall consisteix en què no només en la fotografia hi ha el reflex asèptic del mirall, també se li superposa el reflex especulatiu, ambivalència que resulta ser un *miratge (paraula que també prové mirall/espill)*. Els miralls poden fer la imatge més gran o més petita, la poden deformar, altres son còncaus i poden ajudar-nos a treure la brutícia de la nostra cara, altres convexos i en ajuden a fer un avançament. Els miralls (la imatge) poden tenir un ampli repertori d'experiències que comprenen tant la pretensió científica com la faula poètica.
FONTCUBERTA, J.: *El beso de Judas.* Barcelona: Gustavo Gili, 1997.
[141]FONCUBERTA, Joan, dins DA. *Introducción a la Historia de la fotografía en Cataluña.* Barcelona: Lunwerg Editors, 2000, pàg. 78.

com un *Altes Ars* que no haurà de buscar cap mena d'analogia amb la pintura. És en aquesta presa de posició on s'obrirà el ventall de la fotografia cap a tot tipus de vessants, entre els quals el que ens importa: la crònica de la guerra.   Una gran part dels fets del segle XIX han estat fotografiats amb les antigues i lentes emulsions, en especial els fets bèl·lics. Són ben conegudes les fotografies de la guerra de Crimea de Robert Fenton, de Carol Popp de Szathmary o de Langlois. També són conegudes les fotografies de B. Brady, Gadner i O'Sullivan de la Guerra de Secessió Americana. I també es fotografiarà la França d'Adolphe Thiers, els president historiador que exercí la brutal repressió de la Comuna de 1871 amb l'ajut –passiu– de tropes alemanyes encara apostades al voltants de París. Els fets de 1871 no van ser, però, els primers fets revolucionaris fotografiats: Hipolitte Bayard, un dels pares de la fotografia, arribà fins i tot a fotografiar les barricades del 1848 a París, i també ho féu Thibault, amb dos daguerreotips que es conserven de les barricades de Saint-Maure de París. Les fotografies d'aquell París revolucionari apareixen sense cap figura humana (els temps d'exposició de les plaques no donaven per congelar el moviment de persones en moviment).

D'altra banda la fotografia s'estenia pel món al mateix ritme com ho feia Occident en la cursa imperialista: un excel·lent Felice Beato documentarà la segona guerra bòxer a la Xina, o la guerra dels *cipaios* a l'Índia. Fins i tot trobem daguerreotips de la guerra de Mèxic, que òbviament no van tenir el control militar –ni la repercussió– de les fotos de Crimea. Guerra i fotografia i poder són elements d'un còctel que s'anirà subministrant a unes poblacions amb cada cop més possibilitats d'informació. Immediatament sorgirà dintre dels mitjans de comunicació la utilització fragmentada de la informació, o sigui: la *desinformació*. Una famosa fotografia de Fenton del camp de batalla de la *"Vall de l'ombra de la mort"* on només es veuen un munt de bales de canó és força explicativa de la situació: la pròpia societat victoriana, neguitosa per obtenir informació *"sense perill"* d'una banda, però subjectada per vehements i hipòcrites escrúpols per l'altra, s'obligà a si mateixa a veure les imatges de la guerra sense la presència de cossos humans morts (en especial sense cossos de soldats anglesos). El govern anglès no llença cap mena de queixa davant de la *desinformació* que feien revistes com l'*Illustrated London News*, ja que no mostrar cossos morts significava amagar prudentment el veritable preu de la guerra en vides humanes. Això no obstant, oficials que sí que hi van participar directament, com el capità Cunninghame, es van enfadar en veure totes aquelles portades il·lustrades de la guerra de Crimea. Cunninghame escriví una indignada carta personal des de la península sobre les bucòliques imatges del principal diari il·lustrat londinenc: *"The pictures of the illustrated of the charge of our calvary, and indeed offall fights must be drawn in London; they are as unlike reality possible"*.[142] Que antiga que és la teoria de la imatge! Crec pertinent afegir aquí la cita de Jünger quan compara les fotografies de guerra com a *fòssils*: totes elles necessiten interpretació, essent simplement un "material cru per a la contemplació" que necessiten de la "imaginació".[143] Potser la imatge següent fou una de les que tant van fer enfadar al capità Cunninghame:

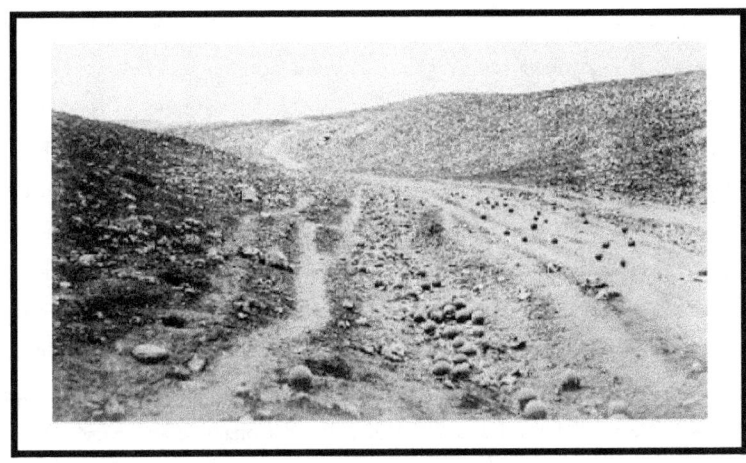

Vall de l'ombra de la mort", d'en Robert Fenton.
Una visió estètica victoriana: davant la falta de cossos humans només les bales de canó ens donen fe d'una batalla.

---

[142] Citat a LAWRENCE, James.: *Crimea 1854-56: The War with Russia from Contemporary Photographs*. New York: Van Nostrand Reinhold, 1981, pàg. 11.
[143] KNAPP, G.: *Fotografía y mirada esteroscópica*. Dins JÜNGER, E.: *Guerra técnica y fotografía*. La impremta comunicación gráfica, 2002. pàg. 91.

Podem dir que un primitiu fotoperiodisme va aparèixer juntament amb l'època de la primera difusió de la fotografia. De fet, a la guerra de Crimea ja es pot afirmar que hi ha totes les condicions perquè la fotografia tingui un pes específic a les publicacions.[144] Jünger, el creador de *Tempestes d'acer*, argumentà ben clarament el problema que anys abans havia portat al capità Cunninghame a la indignació; *"les fotografies que rememoren la misèria de la guerra tenen un valor especial ja que la vida mateixa tendeix a oblidar relativament aviat les dificultats superades. Excloure aquestes imatges no pot estar en consonància amb la tasca d'una col·lecció de fotografies, ni per una altra, i de la mateixa manera, tampoc pot estar-ho la pretensió de limitar-se únicament a elles, com ja ha estat diversament intentat. Ja que tant el recurs a l'aversió del sofriment com una part, com la representació barata, de color de rosa, d'un problema tan seriós com el problema que pren cos a la guerra es dirigeixen en ínfima mesura a les qualitats pròpiament morals del ésser humà"*,[145] assegurava Jünger. Curiosa lectura: no rebutja el testimoni descarnat de la guerra, però sabedor del rebuig que això provoca a la població qualificarà aquestes visions, quasi pornogràfiques, com unes imatges d'una parcialitat intolerable davant les *"qualitats morals de l'home"*[146] . Jünger sabia que el testimoni sagnant i descarnat provoca el rebuig del testimoni. Això ho sabia sobretot gràcies al treball editorial d'un excels pacifista anomenat Ernst Friedrich que estava a les antípodes d'aquest caràcter nacionalista i bel·licista del Jünger d'aquella època.   Friedrich era un pacifista i internacionalista proper a l'ideari de la primera internacional. En el seu llibre *Krieg dem kriege*, del 1924 (un llibre gens desconegut en l'actualitat però que va ser molt popular a Alemanya després de la I Guerra Mundial), es troba una utilització deliberadament propagandística de la fotografia. Friedrich assimilava la fotografia com a prova irrefutable de veritat. El seu llibre conté una sèrie de crues fotografies disposades de dos en dos en un simple però efectiu muntatge conceptual d'oposició d'imatges. Al pròleg del seu llibre Friedrich especificava que *"en el present i el futur"* tot el *"tresor de les paraules"* ja no seran

---

[144] Cal recordar que des de 1872 ja és possible transmetre imatges mitjançant línies telegràfiques; no obstant això, les revistes van haver d'esperar fins el 1885 per reproduir fotografies a les seves pàgines i els diaris no ho faran assíduament fins a principis del segle XX.
BA :*"Antes y después de Magnum"* a *Magnum 50 años de fotografías*. Madrid: Electa, 1993, pàg.9.
[145] JÜNGER, E.: *Guerra técnica y fotografía*, pàg 16.
[146] Jünger es referia més que probablement al llibre pacifista il·lustrat *Kieg dem kriege!* d'Ernst Friedrich, de 1924. Friederich fou un precoç pacifista, membre del SPD que fundà un modest Museu de la Pau a Berlín. Anys més tard, des de 1933, aquest museu fou reconvertit pels nazis en oficina de les SA i posteriorment en un centre de detenció i tortura.

---

suficients per *"pintar correctament"* la *"infame carnisseria"*. En el mateix pròleg al·legà que les fotografies que es veien dintre del seu llibre quedarien com a proves objectives, ja que ningú no podria rebatre-les perquè havien estat fetes per la *"incorruptible i inexorable lent fotogràfica"*.[147]

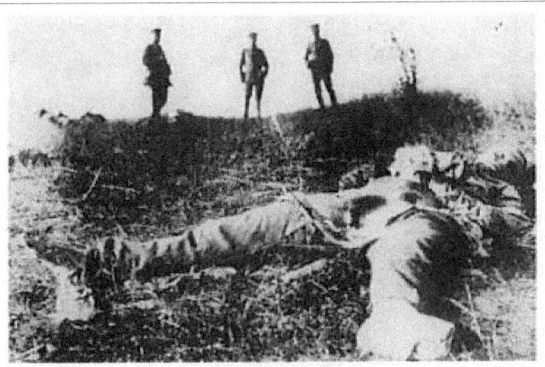

*Onteerde vrouwenlijken! (Het betreft hier een vrouw uit het Russische Doodenbataillon, die mannelijke soldatenkleeren draagt.)

Geschändete Frauenleiche! (Es. handelt sich um eine Frau aus dem russischen Todesbataillon, die männliche Soldatenkleider trägt.)

Violated woman's corpse. (This was the case of a woman belonging to the Russian Battalion of Death, who wore a man's uniform.)

Corps d'une femme qu'on a violée. (Il s'agit d'une femme du Bataillon de la Mort Russe, laquelle porte des habits d'hommes.)

Fotografia inclosa dintre del llibre *Krieg dem Kriege!* d'Ernst Friedrich. Amb vocació internacionalista, i per aquest motiu en quatre llengües, el tex diu *"El cos d'una dona violada (és el cas d'una dona del Batalló Rus de la Mort, la qual portava roba d'home)"*

---

[147]FRIEDRICH, Ernst: *Krieg dem Kriege!* Frankfurt: Zweitausendeins, 1980, pàg. 21-22.

Una quarantena i escaig d'anys abans, a la *commune de Paris* de 1871, el fotògraf va tenir ja l'oportunitat de retratar la revolució amb les seves aparatoses càmeres. El fotògraf encara no baixarà al carrer per fotografiar la guerra (com sí que ho farà mig segle després). Potser no ho va fer pel risc evident de perdre-ho tot enmig d'una turba de gent atacada per l'exèrcit. Els grans fotògrafs del moment es van quedar a casa; no tenim fotos per exemple de Nadar, ni tampoc de Le Gray ni de Nègre... i no hi ha fotografies dels disturbis. Sí de ruïnes, de moltes i de molt significatives com la de la *Columna Vendôme* un cop ja era a terra. Aquesta columna commemorativa va ser derruïda per una mena de ràbia popular que posava de manifest no tant sols l'oposició al bel·licisme de la política oficia francesa[148] sinó també la tan odiada reforma del baró de Haussmann que obligà capes populars de la població parisina a marxar dels barris cèntrics. Més enllà d'embolicar-nos amb la *Commune*, el que ens interessa és que, segons que sembla, les autoritats comunals van utilitzar la fotografia per documentar la mort de qualssevol dels seus companys abans d'enterrar-lo i això ho van fer per tal de comunicar la mort a la família del difunt. Sembla que aquesta pràctica fou iniciada uns mesos abans (gener del 1871) per la guàrdia nacional francesa a la batalla de Buzenval, una de les batalles del setge Prussià de París. Un cop derrotat l'experiment comunal, aquelles mateixes fotografies que van fer els comuners van ser emprades pels *versallistes* per localitzar i reprimir amb notable duresa als insurrectes.[149] D'aquesta manera la fotografia es va convertir d'eina de documentació a arma de delació. És més, Eugène Appert, amb el permís del govern de Thiers, va fotografiar els comuners i les seves execucions amb l'ulterior propòsit de fer els fotomuntatges que més tard es van compilar al llibre *Crimes de la Commune*, on els esdeveniments, mitjançant decorats es van refotografiar amb intencions de propaganda.[150] Aquestes mateixes fotografies de la *Commune* també es van fer servir molts anys després per manipular la realitat i fer-ne propaganda: una coneguda fotografia, *Els 12 taüts*, atribuïda a Disderí i feta durant la repressió versallesa, la va utilitzar el feixista Jaques Doriot el 1943 per il·lustrar *el genocidi dels rojos durant la guerra civil*

---

[148] La columna estava recoberta per una xapa del bronze fos dels canons enemics capturats a la batalla d'Austerlitz.

[149] Un mínim de 30.000 represaliats van ser executats en la repressió. Prosper Olivier Lissagaray, un contemporani, eleva aquesta xifra als 40.000.

PROSPER-OLIVIER LISSAGARAY, H.: *La Comuna de París*. Txalaparta, Tafalla, 2004, pàg. 443.

[150] VON AMELUXEN, Hubertus, a *The Century's Memorial, photography and the recording of history*, dins FRIZOT, M.: *A New History of Photography*. Köneman, 1998, pàg.156.

espanyola, la foto emprada per Doriot anava acompanyada amb la llegenda *"cadàvers nacionalistes espanyols executat pels rojos durant la guerra civil espanyola 1936-1939".* Aquest exemple ens serveix per il·lustrar la manipulació que es pot fer amb una imatge: si aquesta apareix com a simple imatge, sense estar rodejada d'altres fotografies que l'emmarquin en un context o sense tenir una explicació escrita com un peu de foto, la imatge pot significar moltes coses; s'obren en una sola fotografia tota mena de polisemismes veritables o falsos. No ens ha d'estranyar com Jünger, o com W. Benjamin o Cartier Bresson donessin tanta importància al peu de foto, ja que indiscutiblement complementa el significat de la fotografia, que per si sola acostuma a ser insignificant.

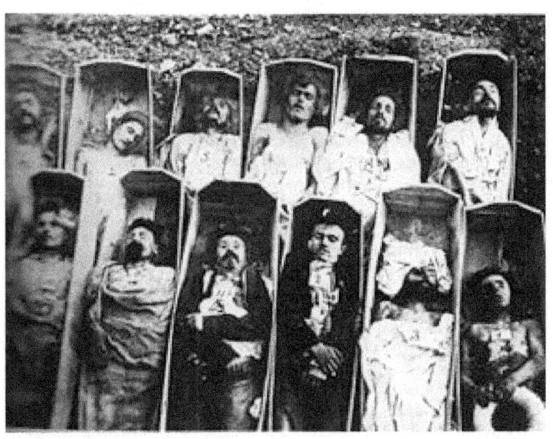

Els 12 taüts, atribuïda a André Adolphe Eugène Disdér

La selecció conscient de la fotografia, els reenquadraments, les lectures guiades de la fotografia o l'ús de la lletra per acotar el sentit de la imatge començaran a fer-se a principis de segle, un cop la imatge es començava a indexar dintre de la informació periodística. L'especulació entre imatge i missatge s'anirà produint a poc a poc aconseguint de mica en mica un coneixement mecànic dels efectes que provoca una imatge. Els anomenats fotògrafs socials de principis del segle xx ho sabien. Jacob Riis i el seu treball *"How the other half lives"* és una bona mostra de la capacitat persuasiva de la fotografia. El treball de Riis serà tot un reportatge destinat a captar fons entre els més rics per canviar el tipus de refugis per a immigrants que hi havia a Nova York de les grans onades migratòries. També l'italià Victor Casasola farà extensiu en el seu treball una simpatia i afinitat personal per la revolució mexicana. Ells van començar el que més tard es produirà a Espanya: la progressiva implicació estètica i ideològica del fotògraf que contempla uns fets que passen al voltant seu. Una implicació silenciosa que es produeix malgrat la fredor i la protecció que produeix mirar les coses a través de la càmera.

2·2 Fotografia i totalitarisme

(...) No existeix bellesa si no és en la lluita. Ninguna obra que no tingui un caràcter agressiu pot ser una obra mestra (...) Extret del manifest Futurista de 1909.

(...) La protesta a cops de puny de tot l'ésser entregat a una acció destructiva és Dada (...) Extret del Manifest Dada de 1918.

Torno a dir que cal pensar que l'encara jove fotografia (que amb prou feines tenia un segle i escaig d'història) es preguntava durant el primer terç del segle XX sobre la seva pròpia natura, i tot just esbrinava les seves possibilitats i el seu insondable futur quan passà per davant seu una de les manifestacions de la mateixa cultura de la qual la fotografia havia sorgit: la guerra massiva. Una guerra tecnificada, la guerra que no s'autolimitava a través de codis de conducta escrits, la *totalen krieg* del general Lundendorf. La fotografia, més enllà de la celebració del centenari de la seva existència, entrava en aquella època en una adolescència encuriosida sota un context social carregat de precisament menys democràcia i més control social. Paradoxalment la fotografia era, per contra, cada cop més *democràtica:* any rere anys eren més els ciutadans que podien permetre's el luxe de fer fotografies i la seva pròpia natura la feia *estranya* a una única veritat absoluta, a qualsevol totalitarisme dogmàtic.

Aquesta democratització, paral·lela al seu creixement com a disciplina artística plenament convençuda de la seva independència vers la pintura, coincidia amb un *crescendo* autoritari que prefigurava l'ascens dels feixismes. Alguns fotògrafs van poder copsar en aquell moment el paroxisme viscut durant els anys de la I Guerra Mundial, paroxisme que es produïa entre el desenvolupament teòric democràtic de la fotografia i els inicis del bel·licisme i el totalitarisme rampant de l'època.

Entreguerres significà digerir totes les experiències viscudes. És en aquest període quan es produirà un desplegament teòric sense precedents (només cal veure el pes específic de la fotografia dintre de la Bauhaus). Més tard, a tota aquella producció formulada entre les dues guerres mundials s'afegirà la producció teòrica posterior —Flusser, Freund, Barthes, Sontag, Benjamin, Bourdieu, Dubois, Bolton—, que haurà viscut en profunditat el fenomen del nazisme. De fet serà la generació que sofrí els desgavells totalitaris amplificats per la tècnica —des de forns crematoris fins a la bomba nuclear— la que acabarà amb la relació d'igualtat entre imatge i realitat. Mai més no es va parlar d'una possible veritat absoluta en una imatge. I aquell discurs teòric a penes s'ha mogut, per prudent, i constitueix la base de la gran majoria de discursos teòrics d'avui en dia.[151]

Els anys d'entreguerres seran una tempesta on la fotografia navegarà sense rumb. Mitja generació abans els artistes van fer una premonició que va esdevenir realitat. El manifest futurista s'havia escrit molts anys abans de l'esclat i la carnisseria de la Gran Guerra. No trigarà a haver-n'hi de noves. A la *guerra total* s'afegiran, ja des de 1917, noves lluites —ara de classe— que es desenvoluparan pels carrers de nombroses ciutats europees. Catalunya, coincidint amb el final de la bonança del neutralisme espanyol, sofrirà els anys del pistolerisme. El món sorgit de la I Guerra Mundial no serà un món en pau. Els futuristes italians, tal com resa el seu manifest, no tardaran a cantar les *marxes multicolors i polifòniques de les revolucions a les capitals modernes*. A Fiume les muses de la Constitució solaparan els artistes futuristes i excombatents, tots units per defensar la ciutat. Gabrielle d'Annunzio, en qualitat de poeta legislador claudicà, però deixà com a llegat un breu projecte utòpic anomenat *Carta de*

---

[151]El 19 d'abril de 2011 el filòsof X. Antich i el fotògraf Joan Foncuberta van evidenciar en la seva conversa en una de la sèrie d'encontres celebrats a la seu de Caja Madrid de la plaça de Catalunya de Barcelona ("*La Fotografia Reflejada*") que les cites a Sontag, Freund, Flusser i Bartehz són constants, tedioses i no ha aparegut encara una renovació de la teoria de la imatge en aquest segle XXI.

Carnaro, una constitució més procliu a l'idealisme esteticista que no pas al materialisme. Ni Marx, ni plusvàlua, ni dictadura del proletariat: muses, música, poesia... i treballadors enquadrats en corporatives! Una legislació estètica per a un home superior que fracassà, però que fou emparada tant per l'inventor de la radio, el Sr. Maconi, com per un –encara– socialista heterodox anomenat Mussolini. Faltaven 3 anys perquè aquest últim entrés a Roma.

Italià, 1932. Commemorant els 10 anys de la *Marcia su Roma* s'inaugurà la *Mostra della Rivoluzione Fascista.* Lluny havien quedat aquells temps en què Mussolini declarava –encara enlluernat per l'experiment de D'anunzzio– que *"estava lluny de la meva idea un Art d'Estat. L'art pertany al domini de l'individu. L'Estat té només el deure, no de minar l'art, sinó de promoure les condicions humanes per als artistes i encoratjar-los per a un punt de vista artístic i nacional".*[152] El cert és que la *Mostra* va ser una autèntica manifestació de dirigisme estatal de la cultura. Era un projecte cultural feixista per mitjà del qual, amb grans reproduccions fotogràfiques emmarcades en una arquitectura ciclòpia, s'explicava a les masses l'ascensió del feixisme italià des del caos produït per la descomposició d'Itàlia arran de la seva participació a la Gran Guerra. La gegantina instal·lació situada a les sales del *Palazzo delle Esposizioni di Roma* conduïen l'espectador a través d'un discurs que no s'allunyava, simbòlicament, del relat redemptor cristià de l'epifania. Dino Alfieri, promotor de la mostra i president del institut de cultura feixista de Milà assegurava que la mostra havia de constituir *"una preziosa e interessante raccolta di documenti, che, riallacciandosi all'interventismo, si riferivano alla creazione del Fascismo, al suo sviluppo così largo di sacrifici, alle sue progressive affermazioni, alla conquista del potere."*[153] En altres paraules: a l'espectador se'l conduïa per una reproducció icònica de la crisi (la I Guerra Mundial i el socialisme), continuada per les imatges de la

---

[152]Braum, Emily. *Mario Sironi and Italian Modernism. Art and politics under Fascism.* Cambridge University press. 2000. Pàg. 1.
[153]Citat a Giannone, Fabrizio: *Reconstruccione Virtualle della Mostra della Rivoluzione Fascista.* Tesi doctoral a l'Università di Bolonia. 2009. Pàg. 6

---

redempció (l'aparició del feixisme i la *Marcia su Roma)* fins a la resolució final del conflicte (Mussolini al capdavant de l'Estat feixista, essent la resolució definitiva de tota contradicció). Tot i la importància dels préstecs catòlics en l'hermenèutica feixista –que sens dubte és un tema interessant–, el que realment ens importa de la *Mostra* és la utilització massiva de la fotografia: 3127 reproduccions fotogràfiques, 2170 de les quals eren fotografies superiors al metre).[154] El sentit de tot plegat era atordir l'espectador, "marejar-lo" amb el gegantisme per fer-lo petit davant les nombroses imatges de desfilades imparables que representaven el feixisme victoriós. És fàcil fer una analogia: el feixisme és el poder –com el cristianisme– que basa el seu poder a fer petits a els homes.A la *Mostra* hi havia un recorregut que era una mena de litúrgia, es parlava dels orígens del feixisme, de les seves lluites i victòries; i l'aparició del líder messiànic, Mussolini. La seva presència era significativa en totes les sales, cosa que provocava inconscientment en l'espectador un vincle i una idealització entre el concepte Itàlia i el seu líder, *il Duce*. Però tot l'art fotogràfic de la *Mostra,* tot i la profusió i el gegantisme, estava tant mort, intel·lectualment parlant, com aquell règim feixista que queia en la contradicció de proclamar *la revolució constat* i al mateix temps proclamar que ja s'havia aconseguit.[155] No se'ns escapa que cap italià, 80 anys més tard, no podria rescatar cap nom dels fotògrafs presents en aquella exposició de 1932.La mostra va restar oberta a roma durant 2 anys (del 28 d'octubre del 1932 al 28 d'octubre del 1934), encara que Mussolini la va considerar "permanent" i la va traslladar a la Galeria d'Art Modern de Vall Giulia.[156] Dos milions d'italians la van visitar incentivats per uns descomptes de tren de fins el 70%[157] i van poder veure's encerclats per aquelles tremendes

---

[154]LEMAGNY, J. C., ROILLÉ, A. (coord): *"Historia de la fotografia".*

[155]Contradicció que manifestava Mussolini anualment en posar com a lema "l'últim u de maig!" STONE, Marla: *The anatomy of a propaganda event: the mostra della rivoluzione fascista.* Princeton University, 1992, pàg. 35.

[156]GIANNONE, Fabrizio: *Reconstruccione Virtualle della Mostra della Rivoluzione Fascista.* Tesi doctoral a l'Università di Bolonia, 2009, pàg. 13.

[157]STONE, Marla: *The anatomy of a propaganda event: the mostra della rivoluzione fascista.* Princeton

fotografies de militants feixistes amb la mà alçada a 45 graus. Però com hem dit abans ningú no recorda aquells fotògrafs. La proposta de la *Mostra* no va ser del tot original en el sentit que anys abans, el 1929, la fotografia va ser l'eix principal de *Film und Foto* a Sttutgart, exposició promoguda i organitzada per la *Deutscher Werkbund* (fundada el 1907 per rellançar la producció industrial, artesanal i artística d'Alemanya). Aquest exposició mostrà, principalment a Alemanya, tot el bagatge i l'experimentació que havia assolit el país dintre dels corrents de l'avantguarda abans que aquests corrents fossin proscrits per l'estètica nazi. Per la FiFo (*Film und Foto*) van passar tots els fotògrafs importants de la "nova visió", la "*Neue Sachlichkeit*". Aquest corrent fotogràfic tenia moltes connexions amb el constructivisme rus que tant havia apostat per fer costat amb el seu poder icònic a la Revolució Russa. L'exposició es celebrà del 18 de maig al 7 de juliol i exhibia un conjunt de pràctiques i debats fotogràfics internacionals. Aquesta exposició va ser tot una fita de la fotografia del segle XX i assenyalà l'aparició d'una nova historiografia i teoria crítica del mitjà fotogràfic. En part per l'impacte de la I Guerra Mundial, la cultura visual de l'Alemanya de Weimar s'havia centrat gradualment en la imatge fotogràfica i fílmica en totes les seves variants, i es pot sostenir que això es va fer amb la finalitat d'apartar-se dels models tradicionals de la producció cultural que seguien prevalent a la França i l'Anglaterra de la dècada de 1920. És obligat l'incís: ens resulta paradoxal que les mateixes forces nacionalistes dominants dintre de la *Deuscher Werkbund* que volien, a principis de segle, rellançar Alemanya en la seva indústria, el seu comerç i el seu imperialisme, van alimentar, en la seva base cultural, un treball artístic que clarament es posicionà amb una avantguarda *esquerrana* molt propera a les idees seminals de la Revolució. La *FiFo* va ser organitzada per Gustav Stotz (ajudat per l'arquitecte Bernhard Pankok, el dissenyador tipogràfic Jan Tschichold i altres) i va exhibir una formidable diversitat de pràctiques

---

University, 1992, pàg. 38.

fotogràfiques internacionals. Més de 200 fotògrafs van exposar 1200 fotografies, i cada secció nacional tenia el seu comissari individual. Edward Weston i Edward Steichen van actuar per a la secció dels Estats Units, que incloïa obres del propi Weston, el seu fill Brett Weston, Charles Sheeler i Imogen Cunningham; Christian Zervos va presentar Eugène Atget i Man Ray per França; el dissenyador i tipogràfic holandès Piet Zwart es va encarregar de la secció holandesa i belga; el constructivista Lazlo Marcovith Lissitzky va seleccionar les obres que van representar la Unió Soviètica, mentre que Lászlo Moholy-Nagy i Stotz van ser els comissaris de la secció alemanya, amb obres entre d'altres, d'Aenne Mosbach, Aenne Biermann, Erhard Dorner i Willi Rugeix. Moholy-Nagy també va concebre i va dissenyar la primera sala on es presentaven la història i les tècniques de la fotografia, i en una tercera, el seu propi espai d'exposició independent, va exposar els principis i materials del seu *Malerei, Photograpie, Film* (pintura , fotografia, cinema), publicat com a llibre núm. 8 de la Bauhaus el 1925. No és estrany que fos en aquest punt on es formaran les identitats professionals dels nous fotògrafs com a subministradors d'imatges de la vida diària, de les activitats polítiques, dels fets d'actualitat, del turisme, de la moda i del consum. És important reconèixer que "Film und Foto" va tenir èxit perquè resumia totes aquestes tendències de la fotografia de la dècada de 1920. En primer lloc, des de l'ascens de les revistes il·lustrades, la fotografia s'havia erigit en el nou entorn de la informació política i històrica, essencial per a la formació de la cultura de Weimar. En segon lloc, la fotografia havia aconseguit un paper fonamental en el disseny, el desenvolupament i l'expansió dels sectors de la publicitat i la moda, destinats a la nova classe mitjana baixa de treballadors no manuals de Berlín i altres grans centres urbans industrialitzats. En tercer lloc, va sorgir un nou model antitètic, un tipus de contraformació al fotoperiodisme pagat, la publicitat fotogràfica i la propaganda de productes.

Indubtablement la potència intel·lectual d'aquells fotògrafs, diguem-ne "esquerrans", bastant compromesos amb el seu període històric, va ser més que notable. En certa manera les pregones contradiccions del període, copsades amb molta antelació per l'art —cal insistir en la data del manifest futurista— els va fer valorar la tasca individual dintre d'una efervescent societat europea d'entreguerres. Per contra, la producció intel·lectual d'aquells fotògrafs clarament decantats per les solucions feixistes —tant o més conscients de la putrefacció del seu món— no van aportar gaires coses dintre del creixement de l'àmbit conceptual de la fotografia. Hoffmann, el fotògraf del Furehr? Ni de bon tros.[158] Riefenstahl? sí que va ser més bona professional que l'anterior, amb moltes més capacitats; si més no, quan va la fotògrafa morí, l'AP (l'Associated Press) va dir-ne que era una *"acclaimed pioneer of film and photographic techniques"*,[159] sense deixar això no obstant d'estigmatitzar-la en la mateixa esquela com a *"la directora de Hitler"*. Sigui com sigui, *Riefenstahl* va utilitzar el poder de la imatge per a un fi polític molt concret. Les seves simpaties nazis van ser difícils de fer passar per simples treballs professionals i les seves col·laboracions amb el règim nazi le van valer una dècada d'ostracisme que aprofità per passar-se a la fotografia. Podem trobar fàcilment als prestatges de les llibreries el seu treball fotogràfic sobre els *Nuba* de Sudan, treball que va fer d'una manera tan impecable com profundament etnocèntrica.

Potser les més brillants aportacions la la fotografia es faran des de el futurisme italià, de la mà d'homes que eren més pintors que fotògrafs, com Guglielmo Sansoni, altrament conegut per *Tato*; o pintors que utilitzaran la fotografia puntualment, com Gino Severini (amic de Picasso i un dels pocs futuristes que tractaran el tema de la guerra més enllà de la paraula).

---

[158]Heinrich Hoffmann, membre dels NSDAP des de 1920, només s'enriquí a costa d'haver-se guanyat l'amistat amb Adolf Hitler. La seva producció literària versa bàsicament sobre la figura de Hitler. Un mínim de 13 llibres va escriure amb Hitler com a protagonista (i un, el primer, sobre les SA). http://es.wikipedia.org/wiki/Heinrich_Hoffmann_%28fot%C3%B3grafo%29

[159]Bulldog News, Hitler's Filmmaker Leni Riefenstahl Dead at 101, 9 de setembre de 2003.

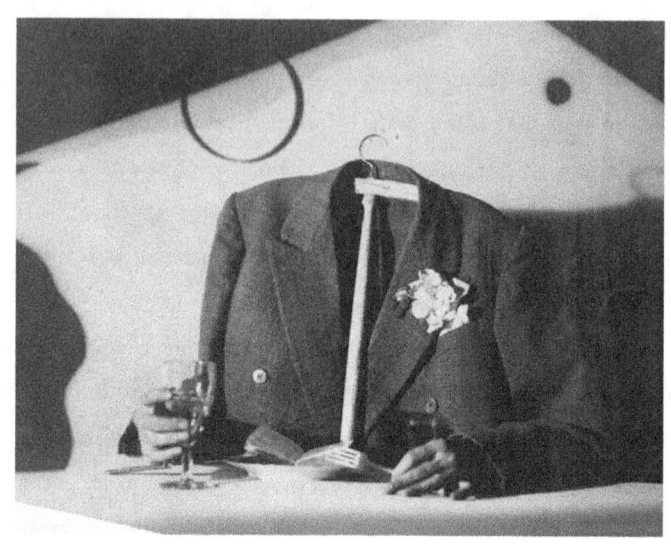

Il perfetto borghese 1930; Tato (Guglielmo Sansoni)

Si posem els futuristes com la base de tot un nodrit grup d'artistes que combregaran posteriorment amb el feixisme podem dir amb rotunditat que el manifest futurista de 1909 no donà grans noms dintre de la fotografia. Si per contra, i en major mesura, associem els artistes amb una arrel creativa que podríem concretar en el manifest dadaista de 1918 (publicat a Zurich el 1918, tot just un any després de la Revolució Russa), sí que ens adonem de la presència de fotògrafs rellevants: ni més ni menys que Man Ray, fotògraf que afirmava ser *un revolucionari*.[160] Es pot afirmar que, dintre de l'art fotogràfic, tots aquells autors inclinats o amb simpaties vers una determinada "esquerra prorevolucionaria" van ser la punta de llança en l'experimentació, la recerca i la teorització de la fotografia. És més, alguns individus d'aquella avantguarda van tenir també la franquesa i la maduresa de dubtar d'ells mateixos i d'aquelles solucions radicals que eren presents en aquelles societats en crisi. En aquest sentit val la pena mostrar dues cites de Lazlo Moholy Nagy: *"(...) La lluita de classes és un mitjà molt efectiu en termes polítics per acabar amb aquestes insostenibles situacions [provocades pel capitalisme] i per millorar la vida orgànica. Però existeixen altres mitjans (...) per reconstruir la vida futura."*[161]

"(...) Estic convençut que la nostra tasca no és politizar, sinó crear. No cal dir que ens solidaritzem amb el moviment revolucionari, però el nostre desig no ha de quedar asfixiat en els objectius tàctics de la política, representant només el paper de l'obrer. Espero que ho interpretis [paraula escrita a mà:] correctament [paraula il·legible escrita a mà:] ... no com una fugida d'una torre d'ivori. Els teus problemes són els meus, i els teus pensaments em turmenten a mi també des de fa almenys deu anys, de manera que has de saber que el que dic no m'ho he tret de la màniga sense pensar.(...)"[162]

---

[160] HILL, P.; COPER, T.: *Diálogos con la fotografía.* Gustavo Gili, 1980, pàg 19.
[161] Lazlo Moholy-Nagy. Conferència feta el desembre de 1931. Transcripció de la Revista Abis. Colònia. 23 d'bril de 1933.
[162] Lazlo Moholy-Nagy. Carta escrita a Paul Schuitema. Juny de 1933.

Havent llegit les dues citacions de l'hongarès Moholy-Nagy, hom copsa una certa indefinició i contrasentits en la seva postura política. Per una banda, podia reconèixer en el seu present la gran fractura provocada pel capitalisme (només cal recordar els efectes desastrosos a Alemanya del la recessió posterior al 1929) i Moholy-Nagy elabora un diagnòstic en què considera la lluita de classes marxista –d'altra banda un discurs ben popular al carrer– com el camí per acabar amb el que ell anomena *"insostenibles situacions"* provocades pel capitalisme. Com deia Billy Wilder, *"un hongarès és algú que entra amb mi en una porta giratòria i en surt abans"*,[163] i val a dir que no a la babalà advertia que la lluita de classes no era pas l'únic camí. Moholy -Nagy de fet no s'implicà en la política tan convulsa d'entreguerres. Ell va exercir la docència durant 5 anys (en el curs preliminar de la Bauhaus) centrats bàsicament quan l'escola estigué a Dessau, i marxà un cop va creure ja insuportables les pressions polítiques d'un grup de docents i alumnes, pressions bàsicament de caire comunista, tot s'ha de dir, que se sumaven a les pressions feixistes de l'exterior. No obstant això, tot i que ell volgués implicar-se en política, la seva *cathedra* ja era *per se* política, ja que basava el coneixement en les possibilitats investigadores que oferia la *creació contínua* i a més a més compartia totes les estratègies pedagògiques que no només recollien l'exigència tradicional de la pedagogia germana, sinó que també incorporaven totes les noves formes democràtiques en la pedagogia basades en la relaxació de la jerarquia entre el mestre i l'alumne, i en la concepció del treball individual com a necessari i integrat en una col·lectivitat; el treball de la seva pedagogia consistia en definitiva a treballar un espai simbiòtic entre realització personal i bé col·lectiu.[164] Una lectura ben hegeliana de la docència de la fotografia, si se'm permet l'afegitó. Per a ell (vg. la segona citació de la pàgina anterior) el fotògraf no era un estricte sinònim d'obrer, no era un simple productor, ja que la pròpia

---

[163] Extret de ZUZUNAGA, M.: *Instantaneidad y proximidad en la obra de André Kertész* (tesi doctoral). Barcelona: Universitat de Barcelona, 2005, pàg.13
[164] Oliver A. I. Botar : *"La totalidad de la vida" Una idea de Gesamtwerk.* (pàg.160) dins DA: *Lazlo Moholy-Nagy: El arte de la luz.* La Fábrica Editorial, 2010.

gnoseologia fotogràfica l'impedia ser-ho. Tothom estava capacitat per fer Art i això provocava grans desafectes en una part dels estudiants de la Bauhaus, i aquesta mala maror, juntament a la creixent pressió nazi al carrer i al voltant de les activitats de l'escola[165] (que considerava la Bauhaus com un "cau de rates comunistes") van provocar finalment la sortida de Moholy de la famosa escola.

Una de les personalitat que van passar per la Bauhaus va ser El Lizzitsky. Aquest fotògraf rus –i jueu– va ser bon amic de Moholy-Nagy i justament és a Alemanya on Lissitzky el va visitar i va fer-lo incidir en la importància social de l'obra fotogràfica. Lissitzky no mostrarà els dubtes de Moholy sinó un caràcter més resolutiu i decidit que es resumirà amb un *"das zielbewußte Schaffen"* (*"La creació orientada a un objectiu"*). Aquell objectiu no és pas un altre que contemplar l'artista com agent d'un canvi social. Per a Lazar Márkovich Lissitsky l'artista *"construeix un nou símbol amb el seu pinzell. El símbol no és una forma recognoscible de res que ja estigui acabat, ja fet, o ja existent al món - és un símbol d'un món nou, que s'està construint i que existeix per mitjà del poble."*[166] Lissitsky – un geni tant en el camp de la fotografia com en el del disseny o l'arquitectura o la formulació posada en marxa de conceptes expositius[167]– contribuirà molt més que Moholy-Nagy a construir el nou món que s'intuïa a partir de l'experiència russa. Lissitsky va creure en el comunisme fins al final dels seus dies. Però val la pena tafanejar fins a quin punt ell i els constructivistes van gaudir de llibertat creadora en un règim on cada cop més es fossilitzava el primari concepte de revolució per gangrenar-se en un llarga i sagnant dictadura proletària. La revolució del 17 va significar –és evident– un punt de ruptura amb moltes coses del passat rus. Entre les ruptures cal incloure-hi, per al tema que ens ocupa, un corrent fotogràfic pictoralista que no tenia cap mena de frontera amb l'Europa

---

[165] Precisament en la seva etapa a Dessau la Bauhaus va haver de cancel·lar exposicions com per exemple la de la creadora de fotomuntatges Hanna Höch.
http://www.margencero.com/lumiere/renau/remau_articulo.htm. Carmen Lumière, juny, 2002.
[166] http://ca.wikipedia.org/wiki/El_Lissitzky#cite_note-2
[167] HUHTAMO ERKKI: *On the Origins of the Virtual Museums*. University of California, 2002.
www.fixxxer.altervista.org/pdf/huhtamo.pdf En *Activating the Viewer*, pàg. 6.

---

del moment.

La fotografia aparegué a Rússia el 1840 i es desenvolupà en ambdues capitals, Sant Petersburg i Moscou, així com en determinades capitals de províncies. Els seus principals promotors inicials seran estrangers –com a Catalunya– que produiran i subministraran els materials, i impulsaran les primeres empreses fotogràfiques de caràcter familiar. Des dels seus primers passos, la fotografia a Rússia estarà sota una certa guia i control de l'Estat, essent aquest un dels principals clients (res gaire diferent del que s'esdevenia a l'Europa del moment). Durant el segle XIX fotògrafs russos participaran amb regularitat en exposicions fotogràfiques organitzades a països europeus i, a principis del segle XX, la fotografia abastarà un espai cultural unificat sense línies divisòries entre Europa i Rússia.

A principis del segle XX la contribució d'artistes fotògrafs russos (pictorialistes) va ser significativa per al desenvolupament de la fotografia pictorialista europea i mundial, tal com posen de manifest les obres de Nikolai Petrov, Sergei Lobovikov o Alexei Mazurin en els catàlegs de les mostres europees de fotografia pictorialista. La Revolució de 1917 alterà aquesta evolució fotogràfica a Rússia. En certa manera la fotografia perdé el seu estatus d'art més o menys lliure, ja que els comunistes creien fermament que la fotografia i la paraula impresa (en un diari) eren inseparables. En un país on el 1917 més del 60% de la població era analfabeta, la proclamació que s'havia de donar la màxima importància a les *arts de masses* era justificable i vàlida des d'un punt de vista estratègic. No ens és estrany un mena de concepció utilitarista que tenia Lenin de la fotografia, i la posterior rigidesa estalinista que la reduí a simple eina ideològica, objecte d'un control rígid, i completament subordinada a les activitats verbals de la necessària propaganda. Tanmateix, en termes generals, abans de 1928 –quan va acabar el període de la NEP– l'art fotogràfic tindrà l'oportunitat de desenvolupar-se a la Rússia soviètica. Sis anys més tard de la fundació de l'URSS, el 1928, s'operà un canvi de primer ordre: s'acusà els pictorialistes de preconitzar els valors petit burgesos, afavorir la decadència i donar suport a la filosofia dels propietaris privats rurals en oferir uns paisatges bucòlics elegíacs que s'oposaven a la política estatal d'integrar els camperols en granges col·lectives. Aviat van aflorar altres crítiques. No es va prorrogar la inscripció de la societat de fotògrafs artistes al registre d'associacions i es van tancar les seves revistes. I fins i tot alguns d'aquells famosos pictorialistes van ser objecte de repressió de 1935 a 1937. La fotografia constructivista –de Lissitsky o Rodchenko– no tardaria a convertir-se en la següent víctima de la lluita lliurada entre els anys 1928 a 1935 per la *puresa ideològica* de la fotografia. Els fotògrafs representants d'aquest moviment (entre els quals hi havia, a part de l'esmentat Rodchenko Boris Ignatovich, Eleazar Langman, Semyon Fridlyand i Arkady Shaikhet) van veure's progressivament empesos a no oferir "punts de vista" diferents als de l'ortodòxia soviètica. Ells van ser els següents a ser censurats o represaliats (un envellit Rotchenko, que era el 1920 director de l'Oficina del Museu Soviètic, fins i tot va deixar de fotografiar per passar a la pintura). Després de l'exposició *Mestres de la fotografia soviètica* de 1935, molts constructivistes ja no podran aparèixer a la premsa *nacional* i alguns d'ells modificaran l'estil de la seva obra. Per sort, algunes publicacions il·lustrades, com la revista *Ogonyok* (que es fundà el 1899 i reapareixerà el 1921) i *CCP na stroika* (L'URSS en construcció) fundada el 1931 –i present al conflicte civil espanyol– donarà feina a fotògrafs de les més diverses escoles. *"Photography must serve the country"* resava el primer editorial d'aquesta revista. Hi ha cap diferència amb la concepció feixista de la fotografia? Ara bé, s'ha de dir que no tots els fotògrafs o cineastes van ser objecte de pressions o repressions, Róman Karmen, el cineasta rus, soviètic convençut, i autor –juntament amb la seva companya Makaséeva– dels reportatges *"Madrid en Llamas"* o *"Mi Granada"* guanyarà més endavant un Oscar –evidentment polític– el 1942 amb el seu relat de la batalla d'Stalingrad, i no tindrà gaires problemes per passar la seva vellesa cobert d'una certa glòria. El preu era evident: no passejar la càmera pels *gulags*, ni per Hongria ni Txecoslovàquia ni per la Xina de la revolució cultural. Sempre hi ha un preu per a tot i molts estan disposats a pagar-lo.

Abans hem parlat d'Ernst Jünger. Per a ell, que era gran coneixedor de la violència bèl·lica –va participar en totes dues guerres mundials–, la fotografia era l'expressió i la imatge d'un nou món. Un cop Jünger abandonà el bèl·lic nacionalisme de les seves primeres produccions, i va mirar cap al seu passat, que era també el passat d'una Europa destrossada, veié com els estats totalitaris van crear la imatge d'un necessari *nou home,* l'home de rostre disciplinat, i aquesta imatge la van crear amb l'ajuda de la propaganda i la fotografia. August Sander, alemany com Jünger, no tenia pas aquesta idea de retratar l'home disciplinat de l'imaginari totalitari. El 1911 Sander inicià el seu llarg treball sobre els rostres fisiognòmics dels alemanys de la república de Weimar, un treball que finalment es diria *Antlitz der Zeit. Sechzig Aufnahmen deutscher Menschen des 20 Jahrhunderts* (El rostre del nostre temps. 60 fotografies dels alemanys del segle XX). Aquell treball anava a cavall entre el reportatge i el cientifisme, ja que el que pretenia crear eren tipologies dels diferents alemanys. El treball de Sander, tot i no tenir pretensions crítiques o polítiques, va ser prohibir pels nazis el 1934 i les plaques del seu treball, destruïdes el 1936. El fet és que, si les obres de Jünger pogueren subsistir dins l'Alemanya nazi, no ho van poder resistir les fotografies del pobre Sander. L'arrel d'aquest odi no només era el fet que tingués un fill del SPD (detingut el 1934), també ho va ser retratar amb sinceritat les diferents tipologies humanes alemanyes; fet que va posar de manifest no només la presència de camperols prussians o mariners d'Hamburg, sinó també jueus assimilats, aturats famolencs demanant almoina als carrers, personatges bohemis –i ambigus– del circ, homosexuals de Berlín o gitanos d'un campament estacional; personatges tots ells difícils de digerir per una ideologia basada en la uniformització sobre criteris de puresa racial.

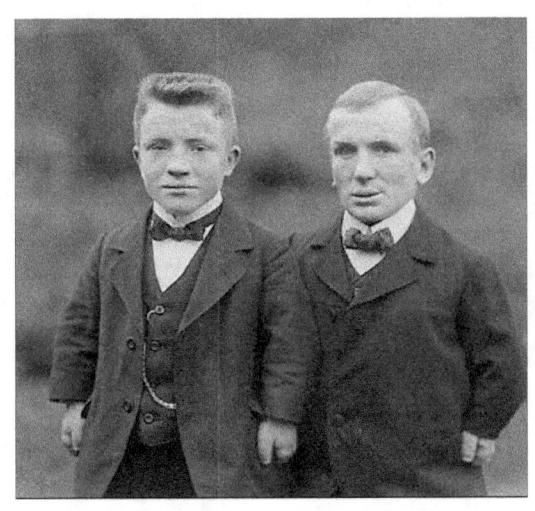

*"Dwarfs" (*nans*). August Sander*

Potser el lector pensarà que m'estic entretenint massa en un territori i una època ben allunyada de les lluites aferrissades de la Ciutat Universitària de Madrid, o del comiat de les brigades a Terol. Però s'ha d'entendre que l'Alemanya d'entreguerres ens és crucial per entendre que passarà a l'Espanya dels anys 30. Les radicalitzacions polítiques d'aquest país i de mitja Europa central provoquen, per contagi, una progressiva politització de les mitjans, i amb ells, de la fotografia que els il·lustra. Capa, Taro, Horna, Seymour influiran en la politització dels fotògrafs hispans perquè ells ja havien vist el que significaven els SA pels carrers d'Alemanya i provenien d'un món on no era possible restar en una tercera via. Com no pensar en Heartfield, el creador dels fotomuntatges. La presència d'aquesta tècnica fotogràfica durant la guerra espanyola fou molt important. El fotomuntatge és de fet la preeminència del discurs sobre la imatge, cosa que permet una lectura guiada d'una fotografia feta de fotografies, amb un notable contingut polític que sol ser més explícit que no implícit. Va ser a l'època de la República de Weimar quan va tenir una notable profusió. El fotomuntatge apareix ja amb els inicis de la fotografia si tenim en consideració els treballs de Fox Talbot, que recorden molt els de Man Ray o Moholy-Nagy. Serà el moviment dadaista el que donarà nom a aquesta manera d'ajuntar diverses fotografies en una de sola. Segons Dawn Ades,[168] *"el fotomuntatge és la supremacia del missatge"*. Els treballs de Heartfield, alemany, comunista i dadaista tot alhora, eren principalment treballs polítics que eren publicats en portades de revistes com com l'*AIZ*[169] (prohibida el 1933) i *Der Kruppel* (1923-27) (la revista satírica del KPD). El compromís d'en Heartfield era *militant*. I de la seva militància sorgeixen creacions com la dels cartells electorals fets per al líder comunista alemany Ernst Thälmann, el 1932. El dadaisme, al qual pertanyia Heartfield, fou molt més que un estil artístic. Molts dels dadaistes de mitjans del

---

[168]ADES, Dawn: *Fotomontaje* 2002. Barcelona: GG, 2002, pàg 10.
[169]Més de 200 portades en l'AIZ des de 1930 a 1935. Segons M.Frizot. en *Metamorphjoses of the image. Photo-graphics and the alienations of meaning.* Dintre de Frizot, M: *A new History of photography.* Köneman, 1998, pàg 440.

anys 20 practicaven un art que si en algun autors no era del tot polític, sí que gravitaven sobre la política. De fet els dadaistes van ser el far de la comunicació gràfica de l'esquerra comunista, en un paper similar al que va exercir el futurisme en l'estètica cultural feixista italiana. En definitiva totes dues expressions artístiques bevien d'una mateixa font que intentava calmar un desencís existencial i intentava trobar un sentit al desordre present a la seva realitat social. Severini fou amic de Pisasso en un París on els artistes bohemis malvivien per poder pintar. Buñuel rodarà *Le chien andalou* amb un Miravitllles – futur director del Comissariat– que fa de monjo marista arrossegat pel terra i lligat a una corda. Tot acaba tenint un xic més de sentit.

Els fotomuntatge alemany tingué molta influencia en el cartellisme –i en la fotografia– de Josep Renau, aquest insigne *valencià simètric*[170] afiliat al PCE des de 1931, i finat al Berlín de l'extinta RDA, que tan profusament es va emprar com a creador de fotomuntatges i que tanta influencia confessà tenir de J. Heartfield.[171] Heartfield, com també Renau, sabien perfectament del poder icònic i polític del fotomuntatge, ja que es donava un missatge guiat i inequívoc a tots aquells que el contemplaven. De fet, el lema de Heartfield era ben explícit: "*Utilitzar la fotografia com a arma*",[172] i des de el seu forçat exili, el 1945, analitzà els clima polític alemany anterior a la guerra com a "*Guerra en la pau*".[173] Resulta molt sorprenent que el veritable nom de Heartfield era Helmut Helzfeld.

---

[170]Entrevista a Josep Renau a la revista "Correu del Dijous". Enllaç des de :
http://ca.wikipedia.org/wiki/Josep_Renau_i_Berenguer#cite_ref-0
[171]FORMENT, Albert: «Josep Renau. Vida y obra». VIII seminari Pensament per la Pau, Artistes en temps de Guerra. Universitat Internacional de la Pau, març de 2011.
www.gabinetecomunicacionyeducacion.com/.../VIII-SeminariPensamentPau2011.pdf
[172]KRIEBEL, Sabine: Manufacturing Discontent: John Heartfield's Mass Medium.
cora.ucc.ie/bitstream/10468/215/1/Kriebel_HeartfieldSuture.pdf. Pàg 56.
[173] "Guerra en la Pau" resulta una frase molt expressiva a l'hora d'entendre la situació en què es vivia a l'Alemanya de Hitler . Així ho explica l'artista: "Els meus muntatges havien estat concebuts com a armes, en aquest període de guerra nostra en la pau, contra el domini nazi, i per una altra banda eren característiques de la guerra que els nazis ja havien desenvolupant en la mal anomenada pau".
HEARTFIELD, John: *Guerra en la paz. Fotomontajes sobre el período 1930-1938*. Barcelona: Gustavo Gili, 1976, pàg. 9

Aquesta anglització del nom i el cognom la va fer juntament amb el seu amic Georg Gross i la van fer efectiva en plena Gran Guerra (el 1916) en protesta per la salutació xenòfoba que havia implantat l'exercit alemany, una salutació creada per un nacionalista alemany –i jueu– que es deia Erns Lissauers;[174] un personatge que molt probablement faria les delícies de Traverso com a bon exemple de *selfhass* jueu.

---

[174]L' himne era anomenat *Gott strafe England* i l'autor va obtenir l'àguila roja concedida per Guillem II. L'himne feia així: –Déu castigui Anglaterra! " – "Que la castigui! ELON, Amos: *The Pity of It All*. New York: Picador, 2002, pàg. 324-325. També Lissauer surt referit al llibre de ZWEIG, S.: *The world of yesterday: an autobyography*. Hesperides press, 2008, pàg. 233.

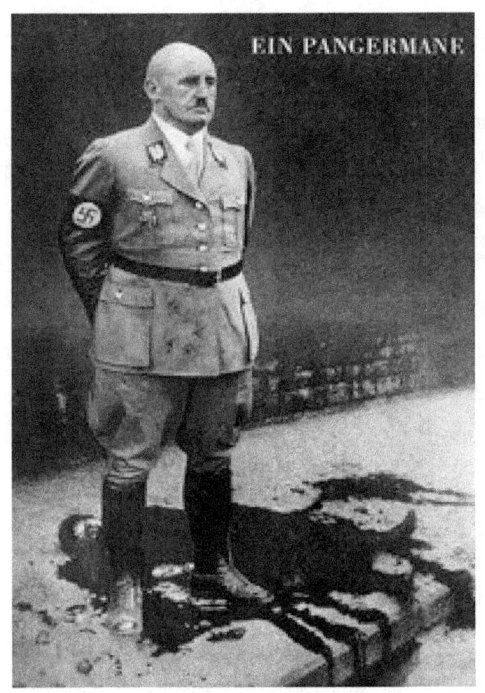

"Ein Pangermane". /Un pangermanista. *Fotomontatge de John Heratfield.*
A la fotografia, Julius Streicher, director de Stürmer, *sota la sang d'un cadàver.*

Com hem vist, els fotomuntatges de Heartfield van ser font d'influència per a artistes posteriors (cas de Renau o de Català Pic), la política dominava el missatge de la fotografia; era un missatge semàntic, un missatge cru i radical, que mostrava tot allò que es podia mostrar. Una estètica que *passats els 70*[175] serà criticada per sensibilitats més proclius a una certa contenció en la informació:" *Les coses molt repulsives que nosaltres mateixos hem vist o de les que hem sentit a parlar és millor callar-les, i no per consideració al criminal, sinó per consideració a tota l'espècie humana (...) tot historiador coneix les circumstàncies concomitants dels grans conflictes, circumstàncies que "hom mai desitja veure". En el nostre temps sembla estar creixent una tendència a allò repulsiu, de la qual formen part cert excessos de la documentació, sobre tot la fotografia*"[176]

---

[175]En referència a Erstn Jünger i el seu llibre *Pasados los setenta.*
   JÜNGER, E.: *Pasados los setenta.* I. Tusquets, 2006.
[176] JÜNGER, E.: *Pasados los setenta* I, pàg. 479.

2· 3 Fotografia i *Media*

Un cop la fotografia pogué inserir-se al paper de les revistes va començar a competir seriosament amb els dibuixos que acostumaven a monopolitzar els grafisme a les revistes il·lustrades. Això succeí sobre a mitjans de segle XIX. Recordem com abans havíem esmentat el capità Cunninghame i l'aparició de fotografies de la guerra de Crimea a l'*Illustrated London News*.No obstant això, fins que no es va millorar el sistema d'impressió als anys 1880 no es va poder popularitzar l'ús de la fotografia per il·lustrar una noticia d'un rotatiu diari. Sembla que fou un diari nord-americà com el *Daily Graphic* de Nova York qui primer va publicar noticies en fotografia real. Després d'una lluita per l'espai en els diaris entre els dibuix i la fotografia des de els anys 1830 fins a finals del XIX podem dir que un cop la fotografia es pogué inserir a la premsa i a les revistes mitjançant processos fiables –gràcies al procés del fotogravat a mig to i a la millora de les qualitats del paper i les tintes–, això provocà un increment notable de l'ús de la fotografia a diaris i revistes, que paral·lelament pogueren incrementar les seves vendes gràcies precisament a la novetat de la inclusió de fotografies de bona qualitat.

Pocs anys després serà la invenció del flaix (el 1887) el que facilità notablement la tasca dels reporters gràfics, que podien fer exposicions amb condicions de poca llum natural. El primer documental fotogràfic va ser el de l'emigrant danès Jacob Riis amb un reportatge sobre la pobresa de la ciutat de Nova York, el 1888. El reportatge es deia *How the Other Half Lives: Studies Among the Tenements of New York*. Riis, immigrant que passà pel tràngol de dormir en "cases de pobres" controlades per la policia, va poder anys després de la seva arribada influir les classes adinerades de Nova York a fer donacions monetàries per millorar la vida d'aquells pobres. Paral·lelament Riis influí les administracions per tancar aquest tipus de refugis controlats per la policia. Amb l'exemple de Riis es demostrava que la fotografia començava a tenir un ascendent entre la societat, s'hi detectava un poder innat per canviar

73

determinades realitats del món. Les noves revistes tindran un gran impacte en la societat i és comprensible que, dintre d'una lògica cada cop més competidora, entre aquests diferents diaris i revistes sorgís un impuls per millorar la qualitat de la seva informació il·lustrada. Precisament seran les guerres on participaven les tropes dels diferent imperis colonials un dels temes amb més demanda. Pierre Albert i Giles Feyel, en el llibre de Frizot, destaquen com la guerra russojaponesa va consolidar notablement els diaris francesos *Le Matin* i *Le Journal*.[177] Pels volts de 1920 a 1930 una tercera generació de revistes com l'*AIZ*, *Arbeiter Illustrierte Zeitung* (1925), *Vu* (1927), *Life* (1936) i *Match* (1938) estaran plenament enfocades com a revistes il·lustrades mitjançant la fotografia i el fotogravat. A Espanya passa exactament al mateix –en una altra escala–. No serà fins a finals del segle XIX quan la fotografia s'infiltri a la premsa per aportar veracitat a les notícies recollides. Com ja passava a la resta dels països, les guerres van despertar l'atenció del públic i els editors també a Espanya. Per això les primeres imatges faran referència a la guerra del Marroc, on estava immersa Espanya. En aquest conflicte destaca la presència d'Enrique Faci. Anys abans, a la guerres carlines van destacar els reportatges de Charles Monney i Antonio García. Però com passava a nivell mundial (amb altres exemples ja vistos com el de Fenton a Crimea), els reportatges són artificials i no mostren sinó posats o actituds dels protagonistes que no reflecteixen la veritable dimensió dels esdeveniments. Als Estats Units Randolf Hearst, el *Citizen Kane* d'Orson Welles motivarà els seus reporters *perquè facin la foto a Cuba, que ell ja farà la guerra*. Alguna cosa estava canviant: el poder i els mitjans de comunicació (i la fotografia immersa entre aquest mitjans) podien canviar les coses, influir en minories, decantar preferències, suscitar guerres i atiar odis nacionals. Tant és així que al conflicte generalitzat de la Gran Guerra els fotògrafs van haver d'incorporar-se als grups de soldats, permanentment controlats per oficials. Cal fer

---

[177]ALBERT, P.: FEYEL, G.: *Photography and the media*. Dins FRIZOT, M.: *A new History of photography*. Pàg. 367.

extrapolacions respecte a la tasca que han fet fins ara els fotògrafs a l'Iraq o l'Afganistan? Al llarg de la I Guerra Mundial xoquen dues tendències contemporànies, per una banda, la progressiva necessitat de la població per estar informada; per altra banda, la terrible censura dels militars respecte la tasca dels redactors i els fotògrafs durant la guerra. La historiografia al voltant de l'estil de fotografia a la Gran Guerra coincideixen a destacar el paper de la censura com a element determinant del treball dels reporters. Dins de la història del reportatge gràfic tenim una clara davallada en la qualitat, i més tenint en compte d'obra i la trajectòria de fotògrafs com Fenton, o com O'Sullivan.

Només després d'una estricta selecció alguns aconseguien el permís per fotografiar al front i les trinxeres. Hi va haver casos excepcionals com el d'una portada de *Le Miroir* del 8 d'octubre de 1916 (vegeu la fotografia següent) on es mostrava el cos de dos soldats morts, però això no era gens normal. Més aviat s'ocultava la mort dels soldats. A destacar tres coses: la tasca implacable de la censura militar, que vetllava per l'ànim de la reraguarda i evitava a tota costa enviar missatges negatius del front a les seves poblacions; l'aparició de les primeres fotografies fetes en color, i el fet que la tasca del fotògraf encara llastrada per l'equip derivat de la càmera de plaques. Aquesta guerra serà més pictòrica que fotogràfica. Egon Schielle, Otto Six, Severini o Grosz dibuixaran la guerra en diaris i revistes expressant el que les fotografies no podien dir per la censura. Pel que fa als espanyols Picasso i Gris, no hi participaran perquè són d'un país neutral. En aquell París d'aquells dies de guerra trobem el creador de *Forjadores del Imperio,* un jove Ángel Jalón, estudiant l'ofici de fotògraf.

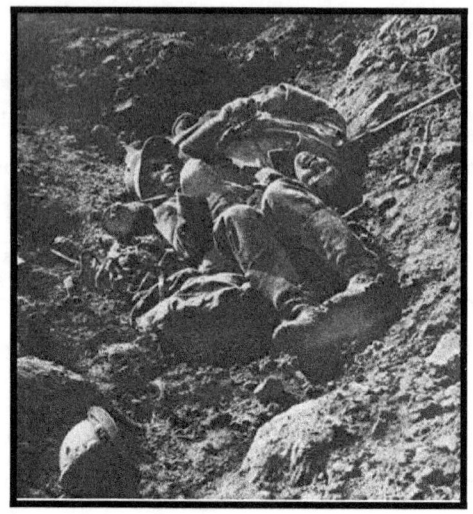

Portada de *Le Miroir* del 8 d'octubre de 1916.

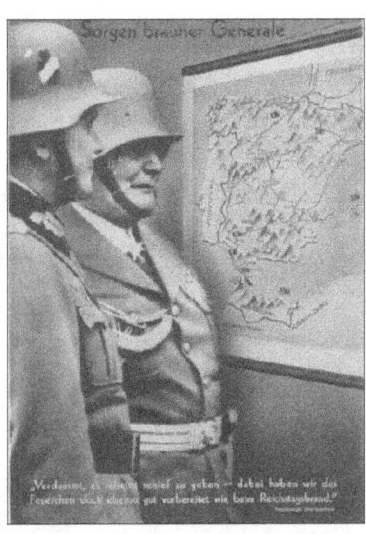

Portada de l'AIZ, núm. 33. 12 d'agost de 1936, pàg. 528

Sorgen brauner Generale/Preocupacions dels generals "marrons"

"Maleit sia!, sembla que sortirà malament!- i això que hem preparat el foc tan bé com a l'incendi del Reichstag".

L'anterior pàgina de l'AIZ pertany a un número especial sobre la GCE. El preocupat general de la dreta és Göring. La línia política del partit, fidelment reflectida per Heartfield, era que Göring havia ideat l'incendi del Reichstag, i l'havia presentat com una provocació comunista que justificava la mà dura dels nazis. De manera similar, el general Franco sostenia que la seva acció era necessària per prevenir una imminent –i totalment falsa– presa comunista del poder a Espanya. El muntatge suggereix que els franquistes havien rebut instruccions dels nazis.

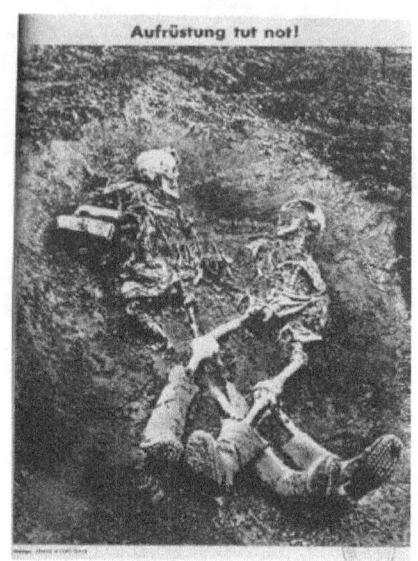

Portada de l'AIZ, núm. 46. 13 de novembre de 1932, p. 1091

Aufrüstung tut not!/El rearmament és necessari!

Heartfield recupera aquí una fotografia de la Gran Guerra per a projectar un vaticini del que l'espera a Alemanya.

La Guerra Mundial, tot i la tremenda censura aplicada, va ser un dels motors del progressiu creixement de les noves revistes il·lustrades que s'anaven incorporant al mercat. És un període en què, d'una forma o altra, s'inicia l'edat daurada de la relació entre premsa i fotografia. Ara bé, aquesta relació s'inicia amb unes premisses molt marcades. Com afirma Antonio Pantoja:[178] *"Es curioso constatar cómo la aparición o inclusión de la fotografía en la prensa coincide históricamente con el desarrollo del periodismo moderno, que ha contribuido en buena medida a establecer parte de las constantes que definen el discurso periodístico de masas, como por ejemplo la asunción de un papel modelador y al mismo tiempo movilizador por parte de la prensa, donde se trata de dirimir y decidir lo que conviene a la sociedad, y como logra incidir en la transformación y formación de su identidad colectiva."*

La introducció de la fotografia en la premsa representarà una ampliació del propi fet fotogràfic, atorgant a la fotografia un vessant informatiu que fins ara restava tancat al text. La fotografia en la premsa documentarà, informarà i notificarà uns fets que són considerats els esdeveniments importants d'una societat. Aquesta faceta és fruït d'un procés de tempteig i error que s'originà al Estats Units amb les publicacions de Pulitzer quan aquest va adquirir el *World* el 1883, un improductiu diari de Nova York que va convertir en sensacionalista i, tres anys més tard, es convertia en el més lucratiu de la Història. Les seves pàgines estaven plenes d'històries de crims, i Pulitzer va utilitzar la seva idea d'educar els lectors en el gust per les imatges per començar a publicar fotografies que il·lustressin les notícies: escenaris d'assassinats, delinqüents, sospitosos... i també retrats de ministres, actors, advocats i altres personatges d'interès periodístic dels cercles polític i social. Les il·lustracions del seu diari van esdevenir l'element més important de tot el diari. Mentre Pulitzer es guanyava el favor del públic, la tecnologia va aportar els avenços necessaris per tal que el fotoperiodisme seguís progressant. El 1887 es va inventar el

---

[178] PANTOJA CHAVES, Antonio: *Prensa y Fotografía. Historia del fotoperiodismo en España* Universidad de Extremadura. (*argonauta.imageson.org/document98.html* -)

primer flaix a Alemanya cosa que va permetre que els fotògrafs poguessin fer preses en interiors i en condicions pobres de llum. A finals del segle es va popularitzar l'ús de càmeres portàtils més perfeccionades i plaques més fàcils d'utilitzar, així com el rodet de pel·lícula fotogràfica. Però el progrés tècnic més important en la relació fotografia/premsa va ser el perfeccionament, el 1897, del sistema que permetia reproduir fotografies directament a les pàgines del diari sense haver-les de passar prèviament a gravat. Aquesta tècnica permetia reproduir els mitjos tons de les fotos gràcies a la utilització d'un vidre amb una trama que dividia en punts la imatge i que deixava passar quantitats grans (gris fosc) o petites (gris clar) de negre, donant la sensació d'imatge real. També aquell any el *Tribune* de Nova York va ser el primer diari de gran tirada a publicar la primera reproducció de mitjos tons. I així es va arribar a *l'edat daurada* de la fotografia a la premsa, un període que s'inicia cap el 1920, un cop la guerra mundial es va acabar; un temps en què es van produir nombrosos avenços tècnics inserits en una societat de consum. El desenvolupament del fotoperiodisme es dóna molt especialment entre les dues guerres mundials, quan els periodistes i els seus instruments d'informació es posaren a prova. Algunes revistes com la *Picture Post* de Londres, la *Paris Match* de França, la *Arbeiter-Illustrierte-Zeitung* de Berlín, la *Life Magazine*, així com els diaris *The Daily Mirror* d'Anglaterra, o el *New York Times* i altres, van obtenir un gran públic gràcies a l'ús d'ampli material fotogràfic proporcionat per cèlebres reporters gràfics.

És en aquest període d'entreguerres quan la ideologia també penetrà amb força en el món editorial i de la premsa. Un bon exemple el tenim el l'excel·lent revista il·lustrada *AIZ* (*Arbeiter-Illustrierte-Zeitung*). Aquesta revista es va crear com a una organització de suport per a un episodi de fam a la Unió Soviètica i la crida d'ajuda de Lenin el 2 d'agost de 1921. A la tardor de 1921, es va crear una revista mensual, *Sowjet Russland im Bild* (la Rússia Soviètica en Fotografies), amb reportatges sobre el recentment creat estat soviètic rus, els èxits i els problemes, i sobre el *Komintern*. En aquest moment, circulaven unes

100.000 còpies del diari. La revista va créixer ràpidament durant la dècada de 1920, expandint la seva cobertura i atraient col·laboradors com els artistes George Grosz o Maxim Gorki. La revista va ser rebatejada el novembre de 1924 com a *AIZ*, i es va convertir en la revista il·lustrada socialista més llegida a Alemanya. La revista cobria esdeveniments actuals i publicava ficció i poesia. Willi Münzenberg, l'editor, volia que *AIZ* connectés el Partit Comunista d'Alemanya amb uns lectors àmpliament educats. El novembre de 1926, *AIZ* va començar a publicar setmanalment i el 1930 va començar l'associació de la revista amb John Heartfield, els fotomuntatges atacant salvatgement tant el nacionalsocialisme com el capitalisme de Weimar, que es van convertir en una característica de la revista. L'*AIZ* va vorejar el mig milió de lectors diaris poc abans de l'arribada de Hitler al poder. L'últim exemplar publicat a Berlín va ser del 5 de març de 1933. Münzenberg crearà amb l'esclat de la GCE l'agència *España*, dirigida per Otto Katz. Aquesta agència enviarà el ja famós Arthur Kloestler a Espanya. Kloestler, el mateix reporter que deixà de ser comunista després de l'experiència hispana (va trencar amb el PC en negar-se a participar en la campanya contra el POUM). En el cas espanyol també cap els volts de 1920 comencen a aparèixer revistes il·lustrades fruit d'una creixent popularitzazió. El 1921 es funda la *"Sociedad Industrial Fotográfica Española"*, la més seriosa empresa espanyola de fotografia que es dedicava principalment a la venda de plaques. També hi hagué gent que s'atreví a introduir la fotografia en color, tot i que el procediment estava a les beceroles. Va ser Ramon y Cajal, en el seu vessant d'afeccionat a la fotografia, qui experimentarà amb aquesta nova tecnologia. López Mondejar calcula que pel 1900 hi havia 1000 fotògrafs amateurs a Madrid i 3000 a Barcelona.[179] Els fotògrafs es van anar agrupant en

---

[179]LÓPEZ MONDÉJAR, P.: *Las fuentes de la Memória II. Fotografia y sociedad en España, 1900-1939*. Lunwerg, 1992, pàg.40.
El 1907 hi havia oficialment 439 fotògrafs (els mateixos que el 1880), 71 a Barcelona, 57 a Madrid, 32 a València, 19 a la Corunya, 14 a Saragossa, 14 a Girona, 13 a Sevilla, 12 a Cadis, 12 a Múrcia, 12 a Màlaga, 10 a Santander i 7 a Alacant.

---

societats fotogràfiques, una de les quals, molt important a Catalunya, va ser el Centre Excursionista de Catalunya (CEC), de què eren membres fotògrafs com Soler i Santaló, Gaspar Sala, Frederic Bordas, Carles Fargas, Triola... El 1923 naixia l'Agrupació Fotografia de Catalunya, promoguda per Josep Demestres, Joaquim Pla i Janini, Salvador Lluch i Claudi Carbonell. A Espanya encara predomina i per molt de temps el Picturalisme. *Kaulak, alter ego* del cosí de Cánovas del Castillo, n'era un dels exponents, que fundà el 1901 a Madrid la revista *La Fotografia,* que en un principi era només l'òrgan de la *Sociedad Fotográfica de Madrid.* A Espanya la guerra al Marroc serà un dels principals motors de la progressiva implementació de la fotografia a la premsa. Nombrosos fotògrafs i van treballar-hi, entre els quals gent que serà present a la Guerra Civil com Alfonso i els seu fill, els quals van realitzar reportatges com la sortida de soldats cap a l'Àfrica, la reconquesta de Nador, la revista de Millán Astray als legionaris, la recuperació de cadàvers al *Monte Arruit* o el desembarcament d'Alhucemas.[180] També hi van ser Campúa, Díaz Casariego (que va fer, juntament amb Alfonso Sáchez Portela, la famosa fotografia d'Abd-el-krim), Francisco Goñi, i d'altres que no van fotografiar, com el pictoralista José Ortiz-Echagüe (futur fundador de CASA i president de SEAT), que hi era present com a oficial d'enginyers el mateix any de la Setmana Tràgica.

Amb les reproduccions a mig to i l'aparició del flaix ja fets abans del tombant de segle, el progrés editorial espanyol també va començar a arrencar i van aparèixer revistes il·lustrades com *Blanco y Negro* (1891), *Nuevo Mundo* i *La revista Moderna.* L'*Abc* posà diàriament fotografies a les seves pàgines el 1905, seguit de *La Vanguardia, El Imparcial* o *El Heraldo de Aragón.* Una segona onada de revistes i diaris amb fotografies apareixeria cap a finals de 1920, amb revistes com *Imatges* (1931), *Ahora* (1930), *Crónica* (1929) o *Estampa* (1928). A Catalunya, aquesta segona fornada va ser especialment prolífica amb l'aparició

---

[180]PANTOJA CHAVES, A.: Prensa y Fotografía. Historia del fotoperiodismo en España.
http://argonauta.imageson.org/document98.html

de revistes molt influents en el món fotogràfic. Barcelona serà, més que Madrid, centre de la imatge. Revistes com *Lux* (1915-1922), *El Progreso Fotográfico* (1920-1936), *Criterium* (1921-1923), el *Butlleti de l'Agrupació Fotografica de Catalunya* (des de 1923), *Radium* (1924-1928), *Arte Fotográfico* (1927-1928), *La fotografia para todos* (1926), l'*Art de la llum* (1933-1936), feta enterament de en català, o *24x36* (1934-36) donen fe de la gran tirada de la fotografia a Catalunya en aquells anys. L'*Art de la llum* va ser potser la revista més important, de qualitat excel·lent i de tendència pictoralista, era dirigida per Andreu Mir Escudé. Va publicar obres de destacats pictoralistes europeus com Thorez, Misonne, Nuemuller, J. Parsons, Miarnau, Keighley i altres representants del pictoralisme crepuscular, però també van incloure obres pictoralistes de Pla i Janini, Arissa, Campañà, Claudi Carbonell., Porqueras, Casals Ariet, Goiciechea, Massana i Lladó. I també de no picotalistes com Pere Català Pic, que era un fotògraf que ja *militava* en la fotografia pura. A Catalunya va destacar també una revista anomenada *D'ací i d'allà* (1918, remodelada el 1931 per Josep Sala com a director artístic); segons Daniel Giralt Miracle va ser una de les revistes que marquen un punt i a part cap a la modernitat. També cal esmentar la *Revista Ford* (1931), d'excel·lent disseny i impressió, on publicarien Josep Sala, Pere Català Pic, Emili Vilà o Ramon Batlles i també Man Ray amb motiu de la seva exposició a Barcelona el juny de 1935. A Catalunya també destacaran, i molt, els primers reporters gràfics, els futurs fotoreporters de la guerra, en especial Merletti, Brangulí, Pérez de Rozas, Centelles i Badosa.

No obstant això, tot i l'aparició de revistes recolzades per fotògrafs, durant la primeria del segle XX i abans de la Guerra Civil hi havia un cert menysteniment del fotògraf, moltes vegades acusat d'element improductiu, de treballador oportunista. Segons el parer de Gisèle Freund, *"l'ofici de fotògraf atreia, pels escassos coneixements que calien, tota classe d'individus privats de bases segures de subsistència, sortits de la massa infinita de frustrats, i incapaços d'accedir a carrers mes elevades per falta de cultura"*, [181] cosa que no sembla ser del tot certa quan hi ha tanta gent amb notable solvència econòmica entre aquells fotògrafs. Sigui com sigui, el panorama que predominava encara a Espanya, més que els grans estudis fotogràfics com el de Kaulak, al carrer d'Alcalá de Madrid, o dels Napoleon[182] (sense accent) a Barcelona (que va funcionar a la Rambla fins el 1933) era el petit fotògraf ambulant de poble, que satisfeia el retratisme local, una veritable afició espanyola ben crepuscular, els creadors de petites targetes de visita per a burgesos de la capital de províncies, i a la ciutat el petit fotògraf pictoralista que tot sovint traficava amb fotografies de dones nues fetes en estudi. Amb l'arribada de la República hi va haver un canvi important de tendència. Per a la fotografia va significar la irrupció d'un conjunt de noves tendències: la nova objectivitat, la nova visió, la fotografia pura i els moviments avantguardistes. L'escomesa estètica va ser tant forta que fins i tot Campañà, tot i el seu pictoralisme ple i rotund, va saber adoptar plantejaments constructivistes. Sense aquella nova estètica no podríem entendre la producció del futur director de publicacions del Comissariat, en Pere Català Pic; tampoc no entendríem gens l'obra de Nicolás Leukona (influenciat pel futurisme i el surrealisme) o de Josep Renau (quan aplica al cartellisme el fotomuntatge o el collage). Tots aquests nous corrents forans van coexistir amb els tardopictoralistes i molts d'aquests van sofrir una mena d'*esquizofrènia estètica*, com la de Massana o la de Batlles Arissa, o homes més propers a aquest treball com Alfonso Sánchez García o José Campúa.

---

[181] FREUND, G.: *La fotografía como documento social.* Barcelona: Gustavo Gili, 1976, Pàg.56.
[182]http://www.elpais.com/articulo/cataluna/imperio/fotografico/Napoleon/elpepiespcat/2011022 1elpcat_11/Tes

III. La fotografia a Espanya, abans i durant la GCE

3· 1 La fotografia a Espanya abans de la guerra

El primer daguerreotip documentat al nostre país fou a Barcelona el 10 de novembre de 1839, i l'autor material no fou un francès sinó un català anomenat Ramon Alabern. Això no obstant, l'introductor del daguerreotip a Catalunya foren més que probablement Pere Felip Monlau (1808-1871), higienista, i Joaquim Hysern Molleres (1804-1883), metge i publicista català. Tots dos estaven ampliant estudis a París en aquell precís any en que Daguerre presentava públicament el seu invent, el daguerreotip. Pel que fa a Pere Feliu Monlau, era el corresponsal de l'*Academia de Ciencias y Artes de Barcelona* a París, catedràtic de Història, psiquiatra, humanista..., en tot cas una ànima inquieta, que, a més, fou capaç de treure les cadenes del bojos de l'*Hospital de la Santa Creu i Sant Pau*.[183] Marie-Loup Sougez[184] destaca que les traduccions espanyoles del llibret de Daguerre són edicions ja de l'any 1839 –de fet Monlau té un tractat sobre aquest procés *"Memoria sobre el daguerrotipo"*.[185] És interessant advertir que, tant a Madrid com a Barcelona, la majoria dels divulgadors eren científics catalans i que tots ells col·laboraren activament a la premsa liberal. Abans ja havíem remarcat el prolífic lligam que hi ha entre fotografia i ciència, i a casa nostra els grans introductors de la fotografia van ser metges. Dintre d'aquesta constel·lació, hi trobem els Dr. Joan Giné i Partagàs (Barcelona, 1836 – 1903), el Dr. Jaume Ferran i Clua (Corbera, Tarragona 1852 – Barcelona 1929), el Dr. Josep Salvany i Blanch, (Martorell, 1866 – Barcelona 1929), el Dr. Joaquim Pla i Janini (Tarragona 1879 – Barcelona 1970), el francès Dr. Claude Guillot (Vaulx en Velin, Lyon 1867 – Barcelona 1934) o l'aragonès Santiago Ramón y Cajal

---

[183] PARELLADA FELIU, Dídac; BUQUERAS BACH, Francesc.: *L'obra psiquiàtrica de Pere Felip Monlau*, pàg. 185.
http://www.raco.cat/index.php/Gimbernat/article/view/44048/54063
[184] SOUGEZ, Marie-Loup: *Historia de la fotografía*. Madrid: Cátedra, Cuadernos Arte Cátedra, 1991, pág. 219.
[185] PARELLADA FELIU, Dídac; BUQUERAS BACH, Francesc: *L'obra psiquiàtrica de Pere Felip Monlau*, pàg 181.
http://www.raco.cat/index.php/Gimbernat/article/view/44048/54063

(Petilla de Aragón 1852 – Madrid 1934), qui també va afavorir la introducció de la fotografia a Espanya i que posseeix un interessant llegat fotogràfic més enllà de la fotografia de caire mèdic. No ens ha de sorprendre que fossin els metges una professió avesada a la fotografia: objectivitat, fidelitat i veracitat confluïen en un mateix aparell, la càmera. Ells n'aprofitaven les evidències, les proves, una creença ferma que allò que hi veien era real.

Aquells homes van poder veure que la fotografia era quelcom més que les proves dels seus estudis científics; agafaven les càmeres per fotografiar també el seu món personal i el seu univers social. El 15 de juny de 1923, Joaquim Pla i Janini, juntament amb Josep Demestres, Salvador Lluch i Claudi Carbonell, van fundar l'*Agrupació Fotogràfica de Catalunya*, una societat promoguda per fotògrafs amateurs i professionals de la burgesia catalana i que durant un llarg temps va exercir una notable influència a la fotografia del país. La fotografia durant el segle XIX era cosa de persones amb un cert nivell adquisitiu. Com sabem el XIX espanyol té més foscor que llums, i el mateix Publio López Mondéjar, el pal de paller de la historiografia de la fotografia espanyola, adverteix el lector de la situació general del període: *"Más de un 60 por ciento de los casi diecinueve millones de españoles eran analfabetos, un 63 por ciento eran braceros y campesinos sin tierra, y sólo un 16 por ciento trabajaba en la industria. En 1900, unas diez mil familias eran dueñas de la mitad del catastro, y sólo un 1 por ciento de latifundistas poseía el 42 por ciento de la propiedad privada. A otro nivel, si los salarios de los obreros de las ciudades eran miserables, entre las 2,50 pesetas de un peón de albañil y las 4 pesetas de un carpintero, los salarios agrícolas no rebasaban la cifra de 1,25 pesetas diarias, mientras que el de las mujeres no llegaba ni a la mitad. Aquella España preindustrial, agraria y caciquil, apenas dedicaba una mínima parte de sus presupuestos económicos a la ciencia y a la cultura..."*

Vist el panorama no ens ha d'estranyar que aquells que es podien dedicar a la fotografia, a part dels metges, fossin els fills d'industrials, propietaris de fàbriques i científics. A poc a poc, però, i sense pausa, una part de la mitjana i petita burgesia accedirà progressivament als estris i les eines per fer fotografies, i serà la que retratarà la seva societat en els nous mitjans de comunicació.

Si la Comuna de 1871 va tenir les seves fotografies també les va tenir la Setmana Tràgica de Barcelona de 1909. Potser aquesta setmana de barricades no va ser tan revolucionària, però sí que va ser igualment subversiva contra uns poders polítics notablement conservadors allunyats de les necessitats polítiques i socials d'una gran massa ciutadana. Cal recordar que Barcelona també va tenir el seu petit pla *Haussmann* dirigit sobre el bell mig del barri antic (la construcció de la Via Laietana), i fou aquest un dels molts factors que es van sumar al repartiment d'escapularis als soldats de lleva que marxaven cap a Cuba. Sens dubte aquests va ser una de les fonts de la ira soterrada, ja que el projecte de la Via Laietana, que va significar el desplaçament forçós d'un munt de famílies humils, moltes de les quals no tindrien gaires escrúpols per aturar la violència durant la Setmana Tràgica, ans el contrari. Un dels que va treballar-hi fotogràficament sobre el carrer va ser Adolf Mas i Ginestà (Solsona 1861 – Barcelona 1936). Segons Jaume Fabre fou també un dels promotors de l'arxiu fotogràfic de Catalunya.[186] De fet, la Setmana Tràgica va ser motiu d'un monogràfic a la revista *Actualidad*[187] amb més d'un centenar de fotografies amb els preceptius peus de foto.[188] Alguns autors d'aquestes fotografies van ser Castellà, Matamala, Camps, Canalejo, Sánchez Carvajal, Soler i Batlle, J. Guixá,

---

[186]FABRÉ, J.: *Història del Fotoperiodisme a Catalunya, 1885-1976*. Barcelona: Ajuntament de Barcelona i AGFA. Catàleg de la exposició en el Palau de la Virreina del 14 de març al 29 de abril de 1990, pàg. 23.
[187]*La Actualidad,* Revista mundial de información gráfica. Publicación semanal. *"Recuerdo de Barcelona".*
La Semana Trágica ante el objetivo fotográfico". Barcelona, 5 d'agost i 28 d'agost de 1909, any IV.
[188]Els peus de foto hi són no al peu, sinó a la part superior de cada pàgina, indicant el contingut de la foto, per exemple: *Edificios incendiados, Conventos incendiados, Ruinas y estragos, Las barricadas, Escenas interesantes...*

Moragas, Scorzelle y Torras.[189]

Un altre dels que van ser presents a la Setmana Tràgica va ser Alexandre Merletti (Torí 1860 – Barcelona 1943). Aquest italià de naixement va migrar de molt jove a l'Argentina fent de fotògraf. Tornà a Europa per establir-se a Barcelona el 1889, on es quedà per sempre. El seu arxiu és a *l'Institut d'Estudis Fotogràfics de Catalunya.* Merletti té el mèrit de fotografiar –tot i les estrictes prohibicions– el judici de Ferrer i Guàrdia. Ho va fer amb una càmera creada *ex profeso.* Pep Parer ens ho explica en un article: *"En el seu moment, aquestes fotografies van tenir un ressò important. Alessandro Merletti va haver de superar tant la prohibició de les autoritats de fer fotografies com la dificultat tècnica de prendre imatges dins un espai tancat, sense més llum que la d'uns grans finestrals. El repte era important. Que en tinguem notícia, mai abans no s'havia intentat. Merletti, home emprenedor com pocs, va fabricar una càmera especial, l'objectiu de la qual sobresortia per un trau de la seva armilla i que accionava amb un disparador dissimulat. Aquest no va ser l'únic exemple del seu gran enginy. Merletti va ser també el primer a fotografiar la façana del Palau de la Música sencera, sense distorsions, amb un gran angular que ell mateix va fabricar. L'atreviment i la innovació van donar un reconeixement innegable a la seva tasca"[190]*

Tenim la sort els historiadors de poder contemplar avui un munt de fotografies d'aquella setmana d'estiu tan tràgica. Tanmateix, la fotografia documental al nostre país no s'inicià llavors: el punt de partida es remuntava més enllà, probablement als voltants de l'Exposició Universal de 1888. Són molts els fotògrafs que a nivell professional o a nivell d'usuari van reflectir els fets d'aquella exposició. Pel que sembla, a la Barcelona de llavors hi havia comptabilitzats uns 3000 fotògrafs afeccionats,[191] cosa que va provocar una

---

[189] *El Dr. Comas y el contexto fotográfico a finales del siglo XIX y principios del siglo XX.* Pàg. 204.

http://84.88.13.203:8080/bitstream/handle/10803/1344/3.Contexto_fotografico.pdf?sequence=6

[190] PARER, P.: *El fons fotogràfic de la nissaga dels Merletti: mig segle de fotoperiodisme.* Pàg. 2.
http://www.iefc.es/pdf/article-galeria-merletti.pdf

[191] *La Actualidad,* Revista mundial de información gráfica. Publicación semanal. *"Recuerdo de*

millora dels coneixements que ja tenien els professionals, és a dir, la popularització els obligà a invertir en material i en coneixements (llums d'estudi, ambientació, retoc) i també els va obligar a sortir a l'exterior per iniciativa pròpia o bé per encàrrecs oficials per seguir els passos de les obres. Els fotògrafs amb més renom d'aquelles acaballes d'època, retratistes de la burgesia barcelonina, van ser Antoni Esplugues (1852-1929), Pau Audart (La Habana 1856 – Barcelona 1918). Segons sembla, per a ells i molts d'altres els anys entorn de l'exposició universal van incrementar la seva producció.

Un altre fotògraf a destacar fou Josep Brangulí (1879-1946), del qual es pot veure una exposició aquest dies al CCCB. Bragulí era fill d'un gravador de boix que es va introduir al fotoperiodisme cap el 1909; justament reflectia els canvis que s'operaven a la ciutat (té fotografies de la construcció de la Via Laietana) i fou testimoni d'actes com la l'homenatge al dramaturg i polític Àngel Guimerà.[192]

A Catalunya la incorporació de la fotografia en les publicacions periòdiques es va iniciar el 1903 a la nova revista *Il·lustració Catalana*. La majoria del que aportaven les fotografies a les revistes no eren reporters, sinó més aviat retratistes i afeccionats. A poc a poc van anar apareixent els primer fotoreporters, que podríem anomenar, amb honestedat, professionals. Van ser sobretot fotògrafs que van deixar la tranquil·litat de l'estudi per anar buscant el fets que podien ser notícia. Un dels primers va ser Frederic Ballell, un interessantíssim fotògraf nascut a Puerto Rico, fill d'indians, que té en el seu haver un magnífic treball de la Rambla barcelonina de 1907-1908[193] i un bon nombre de col·laboracions en revistes com *Feminal*, l'*Esquella de la Torratxa*, *Il·lustració Catalana*, *La Campana de Gràcia*, *La Hormiga de Oro*, i fins i tot l'*ABC* de

---

Barcelona.*La Semana Trágica ante el objetivo fotográfico"*. Barcelona, 5 d'agost i 28 d' agost de 1909.
MAS: «Barricadas durante la SemanaTrágica», 1909. *La Actualidad*, año IV, 5-VIII-1909.
[192]*El Dr. Comas y el contexto fotográfico a finales del siglo XIX y principios del XX*. Pàg 217.
tdx.cat/bitstream/handle/10803/1377/3.Contexto_fotografico.pdf?...6
[193] http://www.bcn.cat/arxiu/fotografic/ballell/01_F_Ballell_i_la_Rambla_cat.html

Madrid, on il·lustrava notícies provinents de Barcelona i Catalunya. L'afortunada conjunció del desenvolupament de la premsa, juntament amb el de la fotografia i una naixent societat de masses necessitada d'informació, va afavorir l'aparició d'un fotògraf de premsa cada cop més especialitzat que va deixar de ser periodista de redacció; també uns mitjans de comunicació amb creixents necessitats d'incorporar documentació gràfica a les seves notícies (en un *crescendo* que portarà a les revistes il·lustrades) i una massa social cada cop més influenciada i influenciable pels gestors de la informació.

3· 2 La fotografia immersa en la propaganda de guerra.

Seguramen l'esclat de la guerra no va ser una sorpresa per a molts. No ho va ser, per descomptat, per a aquells que des de feia mesos planejaven el moment oportú per posar fi a la República. El clima polític al juliol del 36 estava més que escalfat, es venia d'uns mesos molt violents al carrer amb aldarulls produïts, bàsicament, per la negativa rotunda de la dreta espanyola a acceptar uns resultats electorals que no els van donar la victòria sobre el Front Popular. Entre febrer i juliol de 1936 es van produir grans disturbis al carrer, que comptabilitzaven centenars de tirotejos i desenes de morts. El 14 d'abril de 1936 es produeix la desfilada de commemoració del Cinquè aniversari de la República, presidit per Manuel Azaña. Durant el pas de la Guàrdia Civil, les esbroncades i els disturbis van ser abundants, ja que es dubtava de la fidelitat al Govern, i el resultat va ser la mort de l'alferes Del Reis durant una batussa. Després s'haurà d'afegir la mort de Andrés Sáenz de Heredia (cosí del fundador de la falange) i la del tinent José del Castillo, que va morir tirotejat o bé per falangistes –segons Preston– o bé per carlins –segons Gibson–. Poc després s'esdevé l'assassinat de Calvo Sotelo, el líder dretà antic ministre de finances de Primo de Rivera, fet que intensificarà els desitjos d'alguns generals per començar un cop llargament planejat. I així va ser: en alguns llocs amb caràcter fulminant i violent, en d'altres amb timidesa i poca resolució. A tot arreu un cop

91

emmascarat per una declaració unilateral –i il·legal– d'estat de guerra per part dels militars sollevats. La intenció volia ser la de colpejar primer i posar ràpidament els governadors civils i els alcaldes sota control militar i forçar el seu posicionament a través de l'amenaça de les armes de foc, i al mateix temps es volia exercir una sagnant repressió sobre tots aquells que, en la lògica militar dels sollevats, eren els seus enemics.[194]Aquest moments marcaran l'inici de l'articulació propagandística a les dues geografies. Una propaganda intensa que s'emetrà a tots nivells, des de les trinxeres del front fins a l'*Alta Cultura* europea, i que tindrà en la mira l'intent de seducció en una lluita per ser el veritable paladí de la cultura i de l'humanisme, o de ser el veritable fill de la tradició cultural occidental. En ser ambdós bàndols incapaços de vèncer el seu adversari pels seus propis mitjans, de seguida tant el bàndol sollevat com sobretot el republicà intentaran guanyar-se el favor –i l'ajut– de determinats països europeus. En el bàndol sollevat no es tindrà tant aquesta urgència: de sobres és conegut haver guanyat el favor de conegudes companyies de petroli nord-americanes (a més de l'ajut dels *junkers* alemanys per poder passar tropes africanes a la península). El reclam d'ajuda exterior serà molt més urgent per als republicans, cosa que definirà el caràcter de tota la seva propaganda. La República voldrà que la vegin principalment com a la defensora de la modernitat contra les tenebres conservadores. De fet, el gran tema en comú de les dues centrals propagandístiques (la republicana i la facciosa) serà *la defensa de la cultura*. Això explicarà tant el predomini d'informacions *nacionals* sobre de la crema d'esglésies i l'assassinat de capellans (o l'esforç de Burgos per estar a la Biennal de Venècia el juny de 1938), com el trasllat de les obres del *Museo del Prado* cap a València[195] o l'organització de del *II Congres Internacions d'Escriptors Antifeixistes* celebrat a València el juliol de 1937. En l'àmbit internacional, les simpaties es repartiran,

---

[194]REIG TÀPIA, A.: *Represión y esfuerzos humanitarios*. Dins MALEFAKIS, E. (dir.): *La guerra Civil española*. Taurus, 2006, pàg. 527.
[195]I més tard cap a la seu de la Societat de Nacions a Ginebra, passant per Peralada, per Figueres i per França.

però les filies seran asimètriques: òbviament feixistes de diferent graduació d'arreu d'Europa defensaran el sollevament, i altres que es van veure més representats per l'argamassa *nacional* també ho van fer (Cambó per exemple, el sorprès navegant del *Catalonia,* fins i tot posarà a disposició una oficina i una revista, l'*Occident,* amb la clara voluntat de fer tasques de propaganda i on escriuran entre d'altres –i sempre de forma anònima o amb pseudònim– Pla o Estelrich[196]).

Els fotògrafs, com la majoria de mortals aquells dies de juliol, van sortir al carrer acompanyats de les seves càmeres. Centelles serà a la plaça de Catalunya; Sánchez Portela, al *Cuartel de la Montaña* de Madrid. Passades les primeres 48 hores la revolta serà pràcticament sufocada en ambdues capitals, i els fotògrafs, en el cas de Catalunya, i poc després de l'inici de la guerra, s'organitzaran i crearan un fons comú d'originals fotogràfics, que distribuiran als diferents mitjans de comunicació per a la seva difusió. Les fotografies es publicaran de comú acord sense el nom de l'autor (cosa que 75 anys més tard ens portarà de corcoll a tots aquells que volem assenyalar l'autoria concreta d'una fotografia). Va ser aquest un acte d'un cert gremialisme que sublimava oportunament rivalitats i competències? Potser. Però també cal sospitar que el clima revolucionari català s'endugué de cop les seves possibles diferències, havent-se de mostrar "compromesos" i sobretot "útils", càmera en mà, davant del nou poder polític del carrer. La ràpida col·lectivització de molts mitjans els degué sorprendre. Podem arribar a creure que molts, més per practicitat que no pas per sincera ideologia, van sumar-se a l'esforç revolucionari. Tot sembla indicar que la feina s'organitzava i es repartia des del mateix equip de fotògrafs, els quals entregaven els seus reportatges "a la col·lectivitat" un cop fets. Un cop triades les millors fotografies, es distribuïen i es publicaven sense esmentar els autors. Les restriccions que tenien aquests professionals eren les imposades per

---

[196]DA. (Mainer, J. C., dir.): *Historia de la literatura española.* GRACIA, J.; RÓDENAS, D.: *7. Derrota y restitución de la modernidad. 1939-2010.* Crítica, 2011, pàg. 18.

la censura de premsa, que no permetrà la publicació d'imatges considerades inoportunes, descoratjadores o que podien donar informació no desitjada a l'enemic (com ara els efectes dels bombardeigs o les condicions de vida precària dels fronts de guerra).

Aquesta tendència vers l'anonimat de l'autoria continuarà en menor mesura, ja que apareixen més els segells particulars al revers de les fotografies quan els fotògrafs són sota el *Comissariat de Propaganda* de la Generalitat, dirigit per Jaume Miravitlles (i amb el fotògraf Pere Català Pic com a cap de publicacions del departament). Aquest *Comissariat* va tenir molt clares des del principi la importància i la força de les imatges per a la difusió de la causa tan republicana com catalana a l'estranger (un dels camps de batalla de la propaganda republicana) i acollirà a la seva seu reporters gràfics i periodistes vinguts d'arreu del món, com ara Robert Capa. El *Comissariat* posarà a la disposició d'aquest fotògrafs forans laboratoris, espais de treball i mitjans de transport per poder realitzar la seva tasca informativa.

En el camp republicà seran Barcelona (com a seu de la Generalitat) i València (com a seu provisional del govern central) les dues capitals amb més producció. A la República en guerra coexistiran una gran diversitat de *propagandes*: la del govern de la Generalitat, la del govern central i la dels diferents sindicats i partits polítics, cosa que dificultarà sensiblement una homogeneïtat de discurs i una propaganda institucional que sigui fruit d'un determinat consens entre les diverses opcions polítiques. La propaganda estarà dirigida tant a l'interior (al front i a rereguarda) com a l'exterior. I en el cas republicà també estarà dirigida puntualment contra els elements no solament feixistes, sinó contra forces discrepants del mateix bàndol republicà. El model amb que treballà Miravitlles era el *servei d'informació i propaganda* de la Turquia de Kemal i el de Mèxic de Lázaro Cárdenas,[197] així com la influència, naturalment,

---

[197] O això és el que sospita Enric Ucelay da Cal a *Renau, Miravitlles i Ors: tres propagandistes*. Dins DA, Borja de Riquer (coord.): *Història, Política, Societat i Cultura dels Països Catalans. Volum 9. De la gran*

del model soviètic i dels models feixistes italià i alemany. El *Comissariat* intentà fer una producció de propaganda unificada, amb una vocació molt moderna i una notable apertura dels estils estètics més avantguardistes. Obra seva va ser l'*Altaveu del Front* (un intent d'apropar la ràdio a les tropes que lluitaven al front), la propaganda cinematogràfica de *Laya Films* o les organitzacions d'exposicions a rereguarda, a més de moltes altres d'iniciatives. La seva oficina paral·lela, la del govern central de l'Espanya republicana (la del *Ministerio de Propaganda*) no tingué mai el dinamisme de la catalana, ni el seu prestigi exterior, i això es veurà en la producció propagandística republicana produïda arran dels bombardejos de Madrid.

El *Comissariat* intentarà resoldre amb enginy les diferències ideològics que tensaven les relacions entre els republicans. Era una fe inesgotable en la cultura com a element alliberador i la seva traducció a comuns denominadors fàcilment acceptables per l'altre (l'exemple de l'espardenya trepitjant una esvàstica de Català Pic). L'estètica emprada va des de l'estètica totalitària (estereotips humans masculinitzats, l'exaltació de la corpulència, de la musculatura de l'obrer, del mentó d'una cara...) a l'avantguardisme més novell (els elements cubistes, la utilització mixta de fotografia i pintura, el collage...).

Sigui com sigui tots dos bàndols hauran de esmerçar esforços per construir en un primer moment oficines de de propaganda que no existien a nivell oficial abans de la guerra (en aquest sentit un esforç menor haurà de fer el bàndol republicà per l'existència d'ens propagandístics de caràcter sindicalista i de diferents corrents socialistes i anarquistes). Si és cert que els artistes de primer nivell (fotògrafs, poetes, escriptors) es van mantenir majoritàriament fidels a la república. La llista és ben llarga i coneguda entre els escriptors: Salinas, Machado, Alberti, Juan Ramón Jiménez, Zambrano, Ramón Gaya, Cernuda, Aleixandre... Per contra, ni el feixisme ni el conservadorisme clerical hispà

---

esperança a la gran ensulsiada. 1930-1939. Barcelona: Enciclopèdia catalana, 2001, pàg.354-355.

---

atraurà gaires joves brillants. Fins i tot un honest i valent Unamuno es desdirà en la seva adhesió al grup de la *sobrada fuerza bruta*. I intel·lectuals com Ortega, Pío Baroja , Azorín, Marañon i Menéndez Pidal vacil·laran abans d'adherir-se – amb més timidesa que vehemència– al corrent rampant del feixisme hispà. No obstant això, la nova cultura d'Estat que s'estava gestant a Burgos tindrà adeptes convençuts, notables catalans a més a més, com D'Ors (precisament cap *nacional* de *Bellas Artes*, nomenat el 1938; i al cap de ben poc comissari de la participació espanyola a la Biennal de Venècia el juny de 1938) o d'altres, potser no tan convençuts que no podien tolerar la revolució social que s'oferia a la seva terra, com Josep Pla (més tard *José* Pla quan entrà a Barcelona darrera les tropes franquistes i es convertí en subdirector de *La Vanguardia*[198]).   En el bàndol sollevat els falangistes tindran el control propagandístic ja des de primera hora gràcies en part a l'efervescència en les seves afiliacions i sobretot pel control i l'experiència d'òrgans de propaganda abans de la guerra. En el camp de la fotografia en el bàndol sollevat, aquest treball fotogràfic de primera hora a les poques publicacions que van quedar en mans dels sublevats també es dugué a terme, però els condicionants d'autoria que abans hem esmentats en el context català no van produir-se. El que si va succeir és que la censura (pel que respecta als moviments dels fotògrafs) sí que van ser notablement més forts. Està força documentat que nombrosos reporters i periodistes van haver de sotmetre's a judicis i expulsions quan desobeïen les ordres militars *nacionals*. A la zona *nacional,* només els corresponsals de la Itàlia feixista i de l'Alemanya nazi gaudiran d'atencions. Això era un reflex no només de la mentalitat militarista predominant, sinó també del personal que havia estat seleccionat per supervisar les relacions amb la premsa estrangera. Anticipant la seva futura posició preeminent, Franco, als pocs dies d'arribar a Sevilla, constituirà un servei de premsa i propaganda. Aquest Gabinet de Premsa es va formar sota la direcció

---

[198] DA. (Mainer, J. C. Dir.): *Historia de la literatura española*. GRACIA, J. ; RÓDENAS, D.: *7. Derrota y restitución de la modernidad. 1939-2010*. Crítica, 2011, pàg. 22.

del periodista monàrquic Juan Pujol, i el tracte amb els periodistes va quedar encomanat a la pràctica a Luis Antonio Bolín. Pujol havia treballat anteriorment per a *ABC*, abans de convertir-se en el director del dretà *Informaciones,* on no eren estranys els articles favorables als nazis. *Informaciones* va posar les seves pàgines a disposició dels líders falangistes i altres espanyols que simpatitzaven amb el feixisme. El seu sotsdirector serà Joaquín Arrarás, membre del grup monàrquic ultradretà *Acción Española* i amic personal de Franco. El 24 d'agost el Gabinet va passar a denominar-se *Oficina de Prensa y Propaganda.* Bolín dirigiria successivament les Oficines de Premsa Estrangera a Sevilla, Càceres i Salamanca, i durant els assalts a Màlaga i Bilbao. Quan el general José Millán Astray va arribar a Sevilla, Franco el va reclutar ràpidament per propagar la seva causa en tota la zona sublevada. De fet Millán Astray substituirà a Pujol la tardor de 1936 i s' encarregarà de l'ampliació de l'*Oficina de Prensa y Propaganda.* Bolín, abans monàrquic anglòfil, ara profeixista i vestit de legionari, era qui controlava la feina dels reporters i dels fotògrafs fins a tal punt de no permetre les visites al front sense escorta militar. No eren gens estranyes les amenaces de mort per a qualsevol desobediència.[199]

Sigui com sigui, volem donar uns eixos sobre la inserció de la fotografia com a propaganda independentment del bàndol en guerra. Un resum coherent d'aquests eixos són les premisses aportades per Gema Iglesias a el seva tesi doctoral,[200] que em permeto copiar:

1. Simplificació i creació icònica d'un enemic únic (barbàrie feixista, *"terror rojo"*, *"No pasarán"*, etc.).

2. Focalització de l'adversari i desmitificació i desfiguració. Per exemple tots dos bàndols procuren fer veure als altres que bé que es viu a dintre del seu

---

[199]PRESTON, P.: *Los corresponsales extrajeros en la guerra civil. Amenazados, ametrallados e inspirados.* http://cvc.cervantes.es/actcult/corresponsales/ppreston.htm

[200]IGLESIAS RODRÍGUEZ, G.: *La propaganda política durante la Guerra civil Española. La España Republicana.* U.C. Madrid, director de la tesi: Antonio Fernández Garcia, pàg. 27 i 28. http://eprints.ucm.es/2377/

---

territori, propaganda que s'emfasitza mitjançant els relats dels desertors.

3. Repetició de la idea central, però variació en les idees secundàries.

4. Transvasament i reutilització dels mites tradicionals, amplificats... (feixisme en consonància amb clericalisme; ateisme com a característica de no-civilització, etc.).

5. Recerca de la unanimitat acceptant la idea més generalitzada i propiciant el contagi d'aquesta idea.

6. Utilització de la contrapropaganda, dirigida a contrarestar la propaganda dels altres (idea de resistència republicana i fe en el seu triomf final, negativa constat contra el pactisme i la fi de la guerra, etc.).

Més enllà de les similituds passarem ara a veure més en detall cadascuna de les propagandes exercides en ambdós bàndols.

3·2·1 Propaganda i fotografia facciosa.

Fins el 14 de gener de 1937 no existí un òrgan administratiu que s'encarregués formalment de la producció de propaganda. Això no obstant, de propaganda se'n feia, i es tenia molta cura a afirmar que la guerra s'estava guanyant, que *"los rojos huyen"*. Un article del sevillà Rogelio Pérez Olivares, titulat *"Corren los rojos"*, en dóna fe. Articles com aquests proclamaven sense embuts, i en una espècie de lletania, que els homes del bàndol republicà alhora de lluitar fugien en desbandada. Per tota la geografia rebel es publicaven aquest tipus d'articles, fins al punt que molts es preguntaven perquè no acabava la maleïda guerra amb tanta fugida *"roja"*.[201] Amb la certesa d'una guerra llarga es van fer progressives crides de lleves. La por d'una pèrdua d'hegemonia ideològica va fer que els gestors d'aquestes noves i obligades incorporacions tinguessin molta cura a barrejar reclutes novells despolititzats amb reservistes.[202] D'igual manera, la censura es va practicar posteriorment en temes tan sensibles com la mort de José Antonio (el 20 de novembre del 1936). Al llarg de molt temps a José Antonio, tot i saber de la seva sort, l'anomenaven simplement *"El Ausente"*. La censura continuà en altres nivells fent-se d'una manera encara més intensa amb el delicat pas de la unificació entre *Falange Española* i *Comunión Tradicionalista* el 19 d'abril de 1937. El decret d'unificació comptà amb nombroses crítiques de destacats falangistes –i no pocs carlistes, entre ells Fal Conde–, crítiques que van ser ràpidament posades en sordina.[203] El fet de *la unificació* serà un eix de capital importància en el tema de la propaganda interna, sobretot per l'ascendent primerenc dels altaveus propagandístics falangistes. Pràcticament tota la propaganda de primera hora anava al seu càrrec i això va ser així fins el decret d'unificació promogut per Franco i Serrano Suñer. Tot i

---

[201] ABELLA, R.: *La vida cotidiana durante la Guerra Civil. La España Nacional.* Barcelona: Planeta, 2004, pàg. 118.
[202] *Ibid.*, pàg. 118.
[203] SEVILLANO CALERO, F.: *Propaganda y dirigismo cultural en los inicios del nuevo estado.* Pasado y Memória. Revista de Historia contemporánia. Instituciones y Sociedad en el franquismo. Núm. 1 2002. Edició electrònica: Espagráfic, pàg. 15 i 16.

que es posà en safata un lloc preeminent al cap de Falange Manuel Hedilla, aquest desistí d'ocupar-lo i serà apartat i detingut el mateix dia 25 acusat de conspiració contra Franco (amb dues penes de mort que seran commutades més tard per un any de presó i un exili a les Canàries). És clar que no tot el falangisme va reaccionar en contra del decret d'unificació. Les possibilitats d'ascens, les prebendes, els càrrecs i el manteniment –si no decoratiu, sí més simbòlic que real– d'una escenografia falangista van propiciar l' anomenat *autoengany* del que es queixà més tard Ridruejo: "(...) *Este esfuerzo implicaba una estrategia ambigua y peligrosa: la de presentar como siendo lo que a su juicio –a nuestro juicio– debía ser. Estrategia y táctica de la proclamación formal. O, traducido a lenguaje psicológico, autoengaño (...)".*[204]

Aquesta tasca de deglució de l'esperit falangista continuà a nivell oficial amb la declaració (el 18 de novembre de 1938) de la data del 20 de novembre – dia de la mort de José António– com a dia oficial de *"El Alzamiento Nacional"*.[205] Suñer intentà crear i connectar ponts entre les faccions més extremes i alhora afavorí l'entrada de *camises noves* afectes més al *Movimiento* que no pas a les *camises velles* de Falange. L'objectiu era descafeïnar una Falange gairebé acèfala. Franco al seu torn serà el cap militar indiscutit tot esperant que la guerra mateixa li donés el temps necessari per consolidar la seva posició, una posició que serà constantment aclamada per tots els òrgans propagandístics, ara sí enquadrats per la propaganda dictada des d'allò més alt del *Movimiento,* un òrgan en origen estrany, que promulgava una quadratura del cercle amb tot de milícies ara controlades de primera mà per un militar addicte: el general Monasterio. Tot i això, d'estirabots n'hi hagué encara uns quants, tant en la premsa com en la indústria cinematogràfica. Al film documental produït pel DNC (*Departamento*

---

[204] RIDRUEJO D.: *Casi unas memórias.* Ediciones Península, 2007.
[205] SÁNCHEZ-BIOSCA, V.: *The cinematic image of Jose Antonio Primo de Rivera somewhere between a leader and a saint* SCREEN. n°50: 318-333. Oxford: Oxford University Press, 2009 (Article en pdf: http://www.uv.es/imagengc/articulos/articulo%20primo%20de%20ribera%20unido.pdf), pàg. 321.

Nacional de Cinematografía) sobre l'enterrament de José Antonio, anomenat *Presente! En el enterramiento de José António Primo de Ribera* (del 1939), encara els falangistes es permetran el luxe de posar deliberadament a l'ombra la figura de Franco.[206]

L'ascendent del falangisme dintre de les tasques de propaganda facciosa tenia un motiu de ser: la tasca de propaganda del bàndol nacional hagué de començar-se a fer pràcticament des de zero ja que els principals diaris, impremtes i tallers van quedar en territori lleial al govern. Això explica la importància cabdal de Falange en aquest terreny. La Política de Comunicació es desenvolupa des de gener del 1937 i mitjançant el decret núm. 180 que crea la *Delegación del Estado para Prensa y Propaganda*. Aquesta *Delegación* s'instal·là a Salamanca i fou regida com hem dit abans per la figura de Millán Astray. La censura serà assignada al catedràtic de dret Manuel Torres López (que serà més endavant *Consejero Nacional de Falange* i més tard, a Madrid, *Delegado Nacional de Propaganda*). Torres va quedar fora d'aquell servei tretze mesos després de designar-se el primer govern regular i establir-se a Burgos el *Ministerio del Interior* (decret 30 de gener de 1938) regit per Serrano Suñer. El *cuñadíssimo* iniciarà una reorganització dels mitjans disponibles que acceleraran la feixistització dels missatges propagandístics alhora que rebaixarà —amb molta cura— el pes dels pesos pesats de la Falange en l'aparell propagandístic. A l'organigrama figurava el *Servicio Nacional de Propaganda*, la *jefatura* del qual va ser designada, entre altres, a Dionisio Ridruejo i a Tovar. No obstant això, aquesta feixistització, molt en consonància amb les tesis falangistes acabarà abruptament a finals de 1942 amb l'inici de la lenta però progressiva desfeta del totalitarisme en l'escenari bèl·lic mundial.

Segons ens explica Marta Pessarodona a *França 1939*,[207] una de les primeres coses que va fer el falangista Ridruejo un cop els *nacionals* van entrar a

---

[206] *Ibid.*, pàg. 322 i 323.
[207] PESSARRODONA, Marta: *França 1939. La cultura catalana exiliada.* Ara llibres, 2010, pàg 78-79.

la ciutat de Barcelona (26 de gener de 1939) va ser anar a l'edifici del *Comissariat* i entrar al despatx del seu cap, en Miravitlles. L'íntegre falangista, aleshores cap de la propaganda *nacional*, confessà anys més tard que la propaganda que es va es va fer des de la República –i en especial des del *Comissariat*– havia estat molt superior que la del bàndol franquista.[208] Les xifres li donaven la raó: en qüestió de material cinematogràfic, per exemple, del total que es va produir a Espanya entre el 36 i el 39 el bàndol sollevat arribà només al 23%[209] (un 5% estava formada per produccions neutrals i un 72% corresponia a metratges del bàndol republicà). La diferencia en la producció va ser notable, com veiem. I els perquès d'això no només poden explicar-se per la situació de la indústria en el mapa geogràfic sorgit del fracàs del sollevament del 19 de juliol. És ben cert que la gran majoria dels fotògrafs hispans estaven establers o bé a Barcelona o bé a Madrid, però això no explica la manca de persones de qualitat professional al bàndol rebel, ja que el pas d'una banda a l'altra, tot i ser difícil, no era ni de bon tros impossible.

En els primers dies de la posada en marxa de tot l'aparell propagandístic *nacional*, sembla que els mitjans materials, tècnics i humans van ser més aviat escassos. Com hem dit abans, els principals diaris, agències, impremtes o fotògrafs romanien a les grans ciutats com Barcelona, Madrid o València. No obstant això, personal amb ganes de treballar no en va faltar als sollevats. Ridruejo, cap de la propaganda des de 1938, va comptar amb les col·laboracions entre d'altres d'Antonio Tovar (a la ràdio), de Laín Entralgo (amb qui fundaria més tard *Escorial*), de Torrente Ballester, de Luis Rosales y Vivanco (en l'edició de fascicles, fullets i llibres), de Luis Escobar (en el camp del teatre), de Fernando de Urrutia (en fotografia i cartellisme), de Romero Escassi (en plàstica), de Santiago Montero Díaz, d'Eugenio Montes, de Samuel

---

[208] *Ibid.*, pàg. 79.
[209] Revista *El Rastro de la Historia*. núm. 1
      http://www.rumbos.net/rastroria/rastroria01/numero1d2.htm

Ros, de Xavier de Salas, d'Edgar Neville i de molts d'altres.

No és aquí el lloc per ficar cullerada sobre la polèmica respecte a l'abandonament –esglaonat o sobtat– de l'integrisme feixista de Ridruejo i la seva posterior incorporació a l'univers antifranquista. El que és clar és que a aquest sorià de Burgo de Osma, forjador d'estrofes del *Cara al sol*, plegà del càrrec l'u de maig del 1942 potser cercant una fidelitat íntegra a les essències dels seu pensament polític. Sortí del funcionariat i s'enrolà com a soldat ras a la *División azul*. Quin fou el detonant de la seva marxa de l'aparell propagandístic? Sembla que va ser la publicació d'un article crític amb el nomenament d'un militar –Valentín Galarza– a la cartera de Governació. L'article li comportà la destitució immediata.[210] Anys més tard Ridruejo recordà l'esperit de camaraderia que va presidir tota aquella època de guerra. Entre aquells *camarades* encarregats de la propaganda (perquè *camarades* també es deien entre falangistes) hi hagué un cert "esperit aperturista", no tant tancat com les ments marcials dels generals sublevats. L'enquadrament polític no va ser, paradoxalment, tant estricte en aquells cenacles on es gestava la promoció de la intolerància, cosa que era, en certa manera, un contrasentit. Ridruejo assegurarà que ell, aleshores cap de la propaganda, amb prou feines podia veure les produccions republicanes (només una dotzena de llibres, butlletins o cartells) fins l'arribada de les tropes franquistes a Barcelona. Ridruejo assegurava que la profilaxis cultural que imposaven els militars als seus propis manipuladors propagandistes va fer perdre l'embranzida a molts d'aquells joves feixistes: els mateix règim els prohibia en certa manera arribar a estudiar amb deteniment "el *bacteris* sobre els que havien de posar les *vacunes*".[211] Dubtem que això fos veritat. Hi ha <u>determinats elements que no corroboren</u> aquesta mena de "profilaxi" i a tall

[210]MORENTE VALERO, F.: *Hijos de un dios menor. Falange despues de José Antonio.* Dins Andreassi, A.; Gallego, F.; Morente Valero, F.(ed.): *Fascismo en España: ensayos sobre los orígenes sociales y culturales del franquismo.* El viejo topo, 2005, pàg. 220.
[211]GARCÍA DELGADO, J. L.; TUÑON DE LARA, M.: *El primer franquismo: España durante la Segunda Guerra Mundial.* Madrid: Universidad Internacional Menéndez Pelayo, Siglo XXI, 1989, pàg. 276.

d'exemple tenim la utilització puntual de fotografies fetes per fotògrafs republicans en la propaganda *nacional.* Un exemple concret: la portada de *La Barbarie Roja, documento gráfico de la guerra,* publicat a Valladolid en 1938. La portada és un fotomuntatge fet a partir d'una fotografia de Capa.

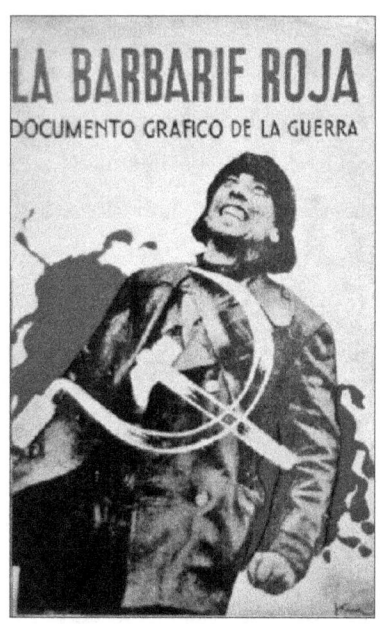

La portada de La Barbarie Roja, documento gráfico de la guerra, *publicat a Valladolid en 1938. La portada és un fotomuntatge on apareix una fotografia de Capa.*

Per a Ridruejo la tasca que es feia en la propaganda era clara, i la definició, feta a posteriori, del que feia a Burgos no deixa lloc a dubtes: *"[el camp de la propaganda era] a lo que en el comercio se llama publicidad, sólo que en vez de vender calcetines o píldoras se vendían consignas políticas, figuras públicas y victorias militares... o bien se desacreditaban los productos análogos de la competencia".* [212]

En aquella òrbita, tot i no estrictament enquadrat en el servei de propaganda, hi hagué Angel Jalón, el fotògraf aragonès que va conèixer Franco quan aquest era encara el director de l'Acadèmia Militar de Saragossa. A través de l'obra de Jalón podem analitzar la consideració i el pes que tenia en el bàndol sollevat. Jalón va saber retratar tota aquella "fauna" de generals amb alguna característica pròpia i distintiva de la seva personalitat: Queipo va aparèixer retratat amb el seu inseparable i bel·licós micròfon, Rada amb boina emborlada, Varela amb gel·laba, Yagüe amb camisa blava, i d'altres amb tota una parafernàlia militar de gorres de plat, gorrets legionaris, boines vermelles... Més tard Jalón elaborarà el seu llibre *Forjadores del Império* (1939), que, amb pròleg de Pemán i García Sanchiz, fou tota una glorificació laudatòria del *Caudillo*. L'estètica de les fotografies era l'acostumat pictoralisme. Passant les pàgines de *Forjadores...* semblava que mai hi hagués hagut cap mena d'avantguarda a Espanya. Jalón no trencarà amb aquesta estètica pictoralista fins ben entrada la dècada dels cinquanta, quan experimentarà i barrejarà, amb notable retard, l'estètica arcaica de la seva fotografia amb tímides pinzellades avantguardistes.

Cal remarcar-ho: la fotografia en el bàndol rebel no va tenir mai ni la potència, ni l'enginy, ni la creativitat que van tenir els fotògrafs del bàndol republicà. Tant és així que la disciplina fotogràfica a penes s'emprà en el cartellisme dels sublevats promogut des del *Servicio Nacional de Propaganda*. Fou el departament de cartellisme i no el fotogràfic qui va emetre quasi en exclusiva aquest tipus de propaganda. [213]

---

[212] Citat a ABELLÁN, M.: *Censura y literaturas peninsulares*. Rodopi. Amsterdamm, 1987, pàg. 34

105

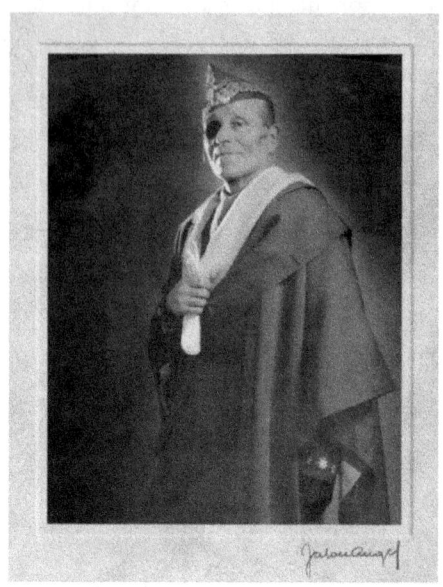

Fotografía de Millán Astray, fundador de la Legión. *Salamanca. 1937. Autor:*

Antonio Jalón.

---

[213] Podeu veure un col·lecció de cartellisme d'ambdós bàndols en aquestes adreces:
Cartells republicans:
     http://centros1.pntic.mec.es/ies.maria.moliner3/guerra/republica.htm
Cartell nacionals:
     http://centros1.pntic.mec.es/ies.maria.moliner3/guerra/nacional.htm

No només Jalón –pràcticament el retratista oficial de Franco fins el 1956–[214] va ser un dels fotògraf que s'apropà al nou poder de Burgos; Campúa fill, Juan Gyenes i Marín van ser d'altres que van practicar la fotografia en el bàndol dels sollevats. Tots ells van practicar el pictoralisme a l'ús que es feia des de principis de segle i el van continuar durant tota l'època autàrquica posterior a la guerra. Públio López Mondéjar ens analitza els perquès d'una estètica que va perdurar a Espanya fins els anys 60 del segle XX; una Espanya estreta, *paqueta*, amb olor a encens clerical i totalment dominada per les aparences: *"Como en la edad de oro del retratismo de galería, el desiderátum profesional de los fotógrafos era el de satisfacer al cliente, más que realizar buenos retratos. Con este propósito, los retratistas adoptaron la estética decadente de los maestros de la época anterior, que abusaba de los efectos de flou y las degradaciones de foco, propias de las cámaras de gran formato, que siguieron hasta bien entrados los años sesenta. (...) Los estudios se poblaron de pretenciosos platos, con muebles y decorados reales, tan del gusto de la burguesía europea de los años treinta. Alfonso Sánchez Portela incorporó a su estudio de la madrileña Gran Vía, una escalinata de inspiración neoclásica, con telones de fondo recubiertos de polvo de oro y plata. A esta serie de adminículos, los retratistas añadieron escenarios religiosos y civiles de todo tipo, decorados con pianos, chimeneas fingidas o reales, copias de obras clásicas, y todo lo que contribuyese a crear la ilusión de los ambientes burgueses y aristocráticos, que enfatizasen la categoría social de sus modelos."* [215]

Públio López esmenta Alfonso Sánchez Portela, que no podem incloure aquí com a fotògraf del bàndol rebel durant la guerra civil, ell va ser una mena de Josep Pérez Molinos del bàndol sollevat. Sánchez Portela va ser un fotògraf republicà present a la batalla per Madrid i més tard a Terol, que després d'una preceptiva purga deixà el fotoperiodisme (se li retirà el carnet de periodista) i obrí anys més tard, quan pogué fer-ho, un estudi a la Gran Vía madrilenya. Qui realment va inscriure's com a fotògraf del bàndol sollevat fou

[214] LÓPEZ MONDÉJAR, P.: *Historia de la fotografía en España*. Barcelona: Lunwerg, 1997, pàg. 204-206.
[215] *Ibid.*, pàg. 206.

José Demaría Campúa. Aquest fotògraf va ser arrestat els primer dies a Madrid i posteriorment fugí per resseguir les campanyes militars rebels a Santander, les concentracions de tradicionalistes a Navarra o la entrada de l'exèrcit de Franco a Barcelona. Campúa sí que tenia un particular motivació no només ideològica, ja que sembla –i remarco el *sembla* pel lloc d'on prové la font– que al seu pare el va assassinar en una txeca un cop sufocada el sollevament a Madrid.[216]

José Ortiz Echagüe, el més destacat a emprar el pictoralisme tardà va crear també en aquella època el llibre de fotografies *España, tipos y trajes (1933)*; uns anys més tard i ja en plena guerra sortí a la llum el llibre *España, Pueblos y Paisajes* (1938),que continuà a la dècada dels quaranta amb *España Mística* (1943) i posteriorment, l'any de la revolta universitària contra el règim, *Castillos y alcázares* (1956). Públio López ens fa el judici contundent d'aquestes obres pictoralistes emmarcades en l'escleròtic règim franquista: *"(...) El Tardopictoralismo español recreó una España zafia, grandioloquente y zarzuelera (...)"*.[217] Naturalment durant la guerra hi va haver particulars que van retratar la guerra des de la mirada purament *facciosa* –i feixista–; un exemple el tenim amb Guglielmo Sandri, un tirolès de Merano que s'italianitzà el nom (el nom d'origen era el de Wilhelm Schrefler) i que s'enrolà voluntari amb les tropes italianes –el *Corpo de Truppe Volontaire-* amb la seva petita càmera.[218] Però la qualitat de tota la producció fotogràfica dels rebels no arriba ni de bon tros a la qualitat del bàndol republicà, Públio Mondéjar en té la mateixa opinió quan afirma que *"no tenen la qualitat, ni l'emoció i ni compromís dels que van estar al bàndol republicà"* i posa com a exemple les fredes i distants fotografies de L. Deschamps fetes per *L'illustration* de París.[219]

---

[216]http://www.foto-campua.com/spanish/la%20guerra%20civil.htm
[217]LÓPEZ MONDÉJAR, Publio: *Las fuentes de la Memória II. Fotografía y sociedad. Fotografía y sociedad en España 1900-1939*. Lunwerg, 1992, pàg. 31.
[218]POLO, Higinio: *Un fotógrafo fascista en la guerra de España*.
http://www.profesionalespcm.org/_php/MuestraArticulo2.php?id=9793
[219]LÓPEZ MONDÉJAR, Publio: *Las fuentes de la Memória II. Fotografía y sociedad. Fotografía y sociedad en España 1900-1939*. Lunwerg, 1992, pàg. 93.

Una de les coses que es poden veure del recorregut de la propaganda nacional és l'intent de produir un esperit victoriós (un xic malmès per l'ensulsiada del sollevament que no havia prosperat) i la creació de tota una escenografia per tal de mobilitzar i enquadrar la població que havia restat en la geografia del bàndol rebel. El 12 de setembre, com sabem, Franco es proclamà *"Generalísimo de los ejércitos"*; dues setmanes més tard, la *Junta de Defensa Nacional* reunida a Salamanca ho sancionà. S'iniciava la progressiva concentració de poder en mans del general. L'única manera de començar a influir en la població era improvisar gabinets com els potents gabinets de propaganda republicans. Una de les primers mesures en aquest sentit de creació d'esperit victoriós serà la de potenciar la figura de Franco com a "Caudillo".[220] Amb aquesta arcaica paraula es solidificava simbòlicament el seu poder i la seva autoritat sobre els seus *interpares,* encara atents a una possible badada militar del nou cap. Una altra via en aquest sentit serà la ràpida difusió del seu rostre en forma de cartells, per començar un culte al líder que neutralitzarà altres aspiracions a la *Jefatura* Aquells primers cartells es van dibuixar en base a les fotografies que es tenien del general. Las parets i els murs de les ciutats controlades pels rebels van ser la destinació de tots aquells pasquins i fullets on apareixerà el perfil més aviat rodanxó de Franco, amb el cap protegit per un casc de combat, o amb el cap de front amb una gorra. Progressivament la figura de Franco començarà a fer-se més estilitzada, com la foto publicada a la portada d'*Spain* (Nova York, 15 de novembre de 1937) feta per E. Dorda.[221] Com millorar alguna cosa que no era

---

[220]*Caudillo* era sens dubte un sobrenom amb consonància amb el nomenament de Franco com a cap de la *Junta de Defensa Nacional* després de la reunió salmantina del 28 de setembre de 1936. Es tractava de semantitzar, mitjançant un mot amb ressonàncies històriques, el fet de concentrar tot el poder a mans d'una sola personal. Cosa que ja havia passat en el cas d'Alemanya –*Furehr*– i Itàlia –*Duce*– .

[221] LLORENTE HERNÁNDEZ, Ángel: *La construcción de un mito.* Article digital en pdf. Pàg. 47.

http://www.google.es/url?sa=t&source=web&cd=1&ved=0CBsQFjAA&url=http%3A%2F%2 Fwww.uv.es%2Fimagengc%2Farticulos%2FLa%2520construccion %2520de%2520un%2520mito.pdf&rct=j&q=Llorente%20Hern%C3%A1ndez%2C%20Angel%3 A%20La%20construcci%C3%B3n%20de%20un%20mito%20pdf&ei=TnE-

millorable abans del retoc digital? En el cas de la fotografia retrat de Franco l'estratègia consistí a fotografiar-lo amb un lleuger contrapicat, cosa que reduirà la presència d'una notable papada, que quedava d'aquesta manera parcialment dissimulada; també es començà a fer plans americans de la seva figura, amb la qual cosa es perdien les referències que revelava la veritable estatura física del general. A més a més, i a mesura que s'acabava la guerra (sobretot a partir de la desfeta del feixisme en el camp de batalla mundial) es percep com els atuells militars deixen progressivament d'aparèixer en les seves fotografies. S'abandonarà així tota referència guerrera per intentar fer de Franco una cosa més semblant a un estadista més que no pas un general d'una tropa mercenària africana.[222]

Tt2dOM34sga3zqD3Dw&usg=AFQjCNGV23yWP2BAMqVGxXSDsEPIJhqX8w&sig2=lniFp WytOBmrO6g8Y2wYUA&cad=rja

[222] TRANCHE, R. R.: *La imagen de Franco "Caudillo" en la primera propaganda cinematográfica del Régimen*", pàg. 82. dialnet.unirioja.es/servlet/articulo?codigo=286673 -

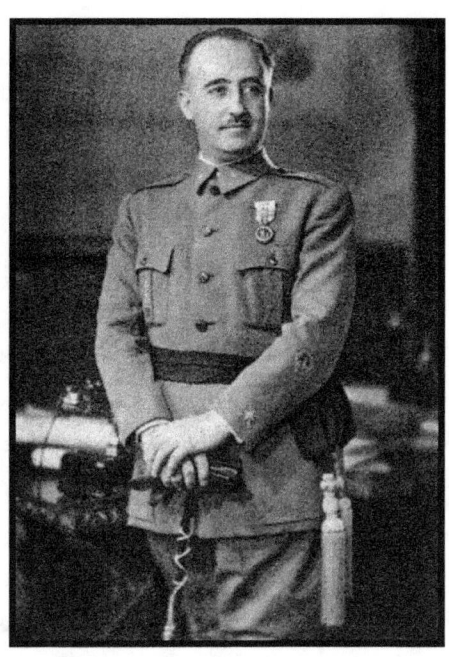

Retrat oficial de Franco. Autor: Angel Jalón.

Tot sembla indicar que són els atributs corresponents al seu nomenament com a Capitán General del Ejército y la Armada *establert el 18 de juliol de 1938, encara que el retrat apareix editat per un organisme anterior a aquesta data,* la Delegación del Estado para la Prensa y la Propaganda. *Com es pot veure Franco ja no porta armes (sabre o pistola) i apareix amb un posat seré, virtut pròpia d'un estadista. El contrapicat fa minvar l'incipient papada. El fons, convenientment desenfocat, i fruit d'una deliberada poca profunditat de camp, no aporta a l'espectador elements per poder copsar la veritable estatura física del General.*

Val a dir que aquest transformisme de "guerrer" a "pare benefactor dels espanyols" és paral·lela a les circumstàncies històriques: un cop acabada la guerra serà el *Caudillo de la Victoria*, i més endavant, arran de la desfeta alemanya de 1945, es convertirà en el *Caudillo de la Paz* tant esmentat pel NO-DO.[223] Un dels òrgans que va fer aquesta apologia franquista va ser la revista *Fotos,* que es subtitulava *"Semanario gráfico de reportajes".* Aquesta revista va néixer en plena guerra, el febrer de 1937, i és una de les publicacions que *Falange Española* (després FET i de les JONS) posa en marxa a mode de propaganda. *Fotos* va ser una revista que, pel seu caràcter falangista, és un bon exemple per percebre la manipulació que es dugué a terme des d'un òrgan d'expressió d'un partit polític. En aquest sentit fou semblant al diari *Arriba* o el *Boletín Oficial de la Falange*, que van ser els exponents més clars d'aquesta "direccionalitat ideològica". La revista va treure al carrer 110 números en un període que va del 25 de febrer de 1937 al 8 d'abril de 1939.[224] Hi ha fets que marcaran la revista al llarg d'aquest període; el més significatiu fou el de la unificació forçada. Aquesta circumstància farà variar sensiblement la revista en dos anys escassos. *Fotos* fou una revista que procurarà trobar el seu lloc dins de l'esfera de publicacions espanyoles i encaixà en el sector gràfic, però sense abandonar mai la funció propagandística que va ser la raó del neu naixement. La revista s'ocupà des del principi de la parcel·la visual i fotogràfica, deixant a altres publicacions del *Servicio Nacional de Propaganda* altres camps de la informació. El primer exemplar de la revista sortí el 25 de febrer de 1937 amb la vocació informativa de mostrar als lectors *"los magnos sucesos de la heroica gesta que vivimos".* El seu lloc de publicació original fou Sant Sebastià, encara que es traslladà a Madrid el març de 1940, per deixar de sortir el 1963, estant sempre controlada per la *Delegacion Nacional de*

---

[223] PRESTON, P.: *Franco Caudillo de España.* Grijalbo, 1994, pàg. 659.
[224] AGUILAR BERMÚDEZ, R.; MARTÍN GARCÍA, P.: *La propaganda franquista en la revista* Fotos.
      www.ull.es/publicaciones/latina/.../85cal.htm
   Cal tenir present que la revista *Fotos* no finalitzà la seva existència el 1939 sinó que existí fins el 1969, any de la seva última edició.

Premsa. El llavors cap de Falange, Manuel Hedilla Larrey, decidí donar llum verda a aquest setmanari gràfic dins de l'estratègia d'acaparar tot tipus de publicacions per a tot tipus de públic, i encarregà aquesta tasca a Manuel Fernández Cuesta (germà de Raimundo Fernández Cuesta, exsecretari general del partit i posterior ministre amb Franco). Després de la formació del primer govern de Franco a Burgos (l'u de febrer de 1938) el responsable de les publicacions passarà a ser Ramón Serrano Súñer, que era el ministre de l'Interior i cap facciós de *Prensa y Propaganda de Falange Española Tradicionalista y de las JONS*, encara que això ho rebaté el mateix Serrano Suñer, el qual assenyalà que, tot i ser ministre de l'Interior, la *Dirección del Servicio Nacional de Prensa* l'exercia Antonio Giménez Arnau, i la del *Servicio Nacional de Propaganda*, Dionisio Ridruejo. Amb la revista *Fotos* es por analitzar la tasca de desinformació i propaganda que es va fer al bàndol sollevat. Un dels casos més interessant va ser el cas de Gernika. La primera pàgina del reportatge que es dedicà a l'arribada dels rebels a aquesta ciutat basca s' il·lustrà amb el títol de *"Barbárie marxista en Guernica!"*, i s'hi podia observar una fotografia de la població devastada amb l'expressiu titular *"Que lo sepa todo el mundo!"*[225] Respecte a Gernika molt irònicament Fontcuberta apuntà al General Franco com a autor d'una de les més curioses aportacions a la teoria de la imatge fotogràfica.[226] Val la pena repassar aquest fet en boca de Javier Ortiz Echagüe: *"Poco tiempo después del bombardeo de Guernica, el ABC de Sevilla publica una entrevista de Franco con el marqués de Luca de Tena ("Una hora con el Generalísimo", ABC, Sevilla, 18 julio 1937: 5). La entrevista repasaba diversos aspectos de la política nacional e internacional. Según relataba el entrevistador, cuando ya estaban de pie y a punto de marcharse, Franco revela su ultima sorpresa: "–Le voy a enseñar a usted unas fotografías de Guernica –dice sonriendo–. Y me muestra unas pruebas magníficas, positivadas en papel satinado, que reproducen las ruinas de una ciudad totalmente destruida por la metralla y la dinamita: casas hundidas, avenidas*

---

[225] *Fotos*, núm. 11, 8 de maig de 1937.
[226] FONTCUBERTA, J.: *El beso de Judas. Fotografia y verdad*. Barcelona: Gustavo Gili, 1997, pàg.142.

enteras destrozadas, montones informes de hierros, piedras y maderas". El entrevistador
manifestó su impresión ante el horror que mostraban las imágenes. Al comprobar la reacción,
Franco intervino y explicó: "Horrible, sí. A veces, las necesidades de una guerra o de una
represión pueden conducir a tales horrores. Esta consideración es una de las razones que me
han movido a no utilizar estas fotos que me enviaron hace unos días. Porque, fíjese usted: no
son de Guernica..."

"Efectivamente, los pies mostraban que las fotografías correspondían a las ruinas
de otra ciudad, "muy distante, situada a miles y miles de kilómetros de España". La
entrevista concluyó con un silencio elocuente. "El Generalísimo no pronuncia el menor
comentario. Y yo pienso que bien harían esas maravillosas fotografías, por ejemplo, en la
primera plana del Daily Express".[227]

Dintre d'aquest esperit, d'aquesta tònica propagandística tan contundent i tan aïllada dels fets reals, va treballar per a la revista *Fotos* el fotògraf Serrano (que seguí els passos de Queipo de Llano documentant les *entrades* als pobles "alliberats") i el periodista xilè Boby Deglané, que també treballà per al setmanari gràfic. Però el més important gabinet fotogràfic de l'exèrcit *nacional* va ser el constituït pel general Aranda, cap dels cos de l'exèrcit de Galícia, amb un grup de fotògrafs integrats per José Lombardia, Jaime Pacheco, José Longueira, Faustino Rodriguez, Ángel Llanos, i Mario Blanco. A ells van encarregar de prendre fotos dels enemics, fer retrats del soldats i documentar les *entrades* als diferents pobles i ciutats per reflectir-ho posteriorment a la premsa. En un altre nivell hi va haver a l'Espanya facciosa nombrosos fotògrafs de rereguarda com Julian Loyola, Pablo rodríguez., Jaime Pacheco, Sánchez del Pando, Pepe Gracia i el ja esmentat Ángel Jalón, el creador de "*Forjadores del Imperio*".

---

[227] ORTIZ ECHAGÜE, J. :*Esto no es guernica!. Fotografía y propaganda de la destrucción en la prensa durante la guerra civil española.* Pàg.158.   *www.ehu.es/zer/zer28/zer28-09.pdf*

3· 2· 2   Propaganda i fotografia republicana.

Si la propaganda al bàndol rebel va ser centralitzada pel *Comisariado Nacional de Propaganda* situat a Burgos, el que hom es troba a l'Espanya republicana és una multiplicitat d'iniciatives que només pot explicar-se per la mateixa diversitat i multipolaritat de les sensibilitats republicanes. Diferents sindicats, òrgans d'expressió política, i diferents governs (central, català, basc) van sumar –però també competir– iniciatives propagandístiques pròpies, tot sovint de qualitat meritòria, que van utilitzar la fotografia amb notable profusió. En el cas català el *Comissariat de propaganda* naixerà per contrarestar la ingent tasca proselitista i propagandística –amb mítings, conferències, reunions i publicacions– que feien tant les centrals anarcosindicalistes com els partits dels diferents corrents marxistes. El govern català –i el central– naveguen en aigües proletàries durant un bon grapat de mesos i això farà que les seves pròpies centrals propagandístiques incideixin en una encesa defensa de la legalitat republicana amb un to més nacional que no pas de classe. En el cas de Catalunya sorgirà *El més petit de tots,* aquest personatge extret de la cançó popular *"Els tres Tambors"* que serà proposat com una mena de símbol unitari. Aquesta estatueta ideada per Paredes, estava feta per col·locar-se sobre un prestatge de la llar de foc o sobre un escriptori. Tenia l'origen en els dibuixos de Lola Anglada i és de fet un símbol de la multiplicitat de sensibilitats a Catalunya: aquesta icona –un nano vestit amb granota– apareixerà, no en origen però si més endavant, amb una bandera que podrà ser reemplaçada a gust del consumidor.[228]

---

[228] ABELLA, R.: *La vida cotidiana durante la guerra. La españa Republicana.* Planeta, 2004, pàg 56.

115

No se'ns escapa amb l'anterior exemple l'enginy dels propagandistes catalans. Ucelay da Cal ens dóna –fins i tot irònic– el punt de vista respecte a la qualitat de l'obra propagandística del bàndol republicà a Catalunya: *"(...) el conjunto de proyectos revolucionarios reflejaron el triunfo del técnico o del intelectual-profesional, herederos del noucentisme, concretado en unas personalidades determinadas (...) Así, más importante que la substancia o la concreción fue la promocion de la síntesis que presidió Tarradellas y que divulgó, con rara habilidad, Jaume Miravitlles, desde el Comissariat de Propaganda de la Generalitat. Miravitlles supo dar una coherencia impactante en escritos y folletos lujosos a cuatro tintas, que parecieron del todo asombrosos a los simpatizantes extranjeros o a los turistas revolucionarios predispuestos al entusiasmo. Se supo poyectar un proyecto, valga la redundancia."* [229]

És clar que per fer adequadament la tasca de la propaganda calien intel·lectuals de vàlua. No unes ments marcials acostumades a obeir més que a pensar. No ens ha d'estranyar que –en boca de l'escriptor Andrés Trapiello[230]– que Ridruejo manifestés que el seu equip era una illa rodejada d'un mar: *"El equipo, a pesar de (o a causa de) los muchos matices incorporados, funcionó bien, con muy pocas tensiones y con una considerable alegría. Si digo que aquel núcleo (¡nada menos que de propaganda!) fue el menos sectario de cuantos se constituyeron durante la guerra, quizá alguien estime que idealizo mi pasado a la luz de mi presente. Pero creo lo que digo y todos cuantos frecuentaron mi despacho (de d'Ors a Foxá, de Montes a Neville, de Manuel Machado a Zunzunegui o Samuel Ros, que tardó algunos meses en aparecer) encontraron en él, si no me engaño, el centro raro donde era posible hablar de todo sin recelos ni precauciones"*[231]

Ens és cada cop més palès que en aquest terreny els intel·lectuals va ser els grans protagonistes, tant a intentar consolidar les diferents sensibilitats

---

[229] UCELAY DA CAL, E.: *Catalunya durante la guerra*. Dintre de Malefakis, E. (dir.): *La guerra civil Española*. Taurus, 1996, pàg. 273-274.

[230] Citat per ROMERA CASTILLO, José: *Edgar Neville y el cine (algunos testimonios)*, pàg. 5. *www.uned.es/centro-investigacion-SELITEN@T/pdf/autobio/II7.pdf* El llibre de Trapiello és TRAPIELLO, A.: *Las armas y las letras: literatura y Guerra civil (1936-1939)*. Destino, 2010.

[231] TRAPIELLO, A.: *Las armas y las letras: literatura y Guerra Civil (1936-1939)*. Destino, 2010, pàg. 229.

republicanes en la seva crisi, com en la formació enquadrada de l'opinió pública i la nacionalització de les masses. Durant un breu període entre els anys 1936 i 1939, ells van ser gairebé *sacerdots* de les noves religions polítiques; i, com a *sacerdots* principals que veuen caure la seva religió, la pèrdua de la guerra significà per a Miravitlles marxar a l'exili, i per a Ridruejo —potser massa sincerament creient en el seu sacerdoci— la fi del seu projecte d'Estat estrictament falangista (cosa que el va fer marxar cap a una gèlida Rússia com a simple soldat ras).

El *Comissariat de Propaganda*, l'òrgan de propaganda republicano-catalana, va ser creat des de dalt pràcticament com a proposta de Jaume Miravitlles (abans d'això imbricat com a secretari al *Comitè de Milícies Antifeixistes*). Comptà amb un gran suport de Companys i de Tarradellas, qui en va ser, de fet, el màxim responsable polític. El *Comissariat* neix el 3 d'octubre del 36, bastant abans que qualsevol òrgan similar a Madrid, i certament va tenir un notable èxit a la Catalunya republicana. Fins i tot va comptar amb delegacions a Brussel·les, a Estocolm, a París i Londres (tot que no ha estat pas estudiat si aquelles delegacions van ser tan efectives com calia). Se sap de la notable empenta de la delegació parisenca amb la publicació de *"Le journal de Barcelone"* a partir de 21 de gener de 1937, així com del muntatge de l'exposició *Art Catalan du Xè siècle*. Comptà també amb la col·laboració dels nombrosos casals catalans repartits sobretot per Amèrica. Sembla que la nòmina del *Comissariat* arribà a ser —dins i fora— d'unes 300 persones amb presència sindical i política diversa (UGT, CNT, POUM); però no pertànyer-hi oficialment no fou restricció perquè un fotògraf com Capa pogués emprar les instal·lacions de revelat de què disposava el comissariat al front.[232]   De fet és això el que més sorprèn: l'elasticitat d'aquest òrgan de difusió i de propaganda.   Un catalanista tan convençut i reconegut com Miravitlles sabé avenir-se amb els sindicats obrers i

---

[232]DOMÈNECH FABREGAT, Hugo: *Pequeña historia sobre una fotografía: "el miliciano muerto", por Robert Capa.* Ier. Congreso de Teoría y Técnica de los medios Audiovisuales. El análisis de la imagen fotográfica. Castelló: Universitat Jaume I, pàg. 7.
www.photographers.it/articoli/cd_capa/img/fabregat.pdf

col·laborar-hi en pro d'una dislocada Generalitat i un Govern Central Republicà contagiat d'un cert marasme. Fins i tot Miravitlles cedí en l'espinosa qüestió de la marginació d'Estat Català dintre del *Comitè de Milícies Antifeixistes* en pro d'un consens dins la nova realitat produïda per la sollevament del 19 de juliol. La seva postura és molt interessant en el sentit que molt intel·ligentment incorporà el catalanisme dintre de les estructures de difusió comunes de les forces obreres imperants a Catalunya a partir del 19 de Juliol en una tasca de síntesis entre nacionalisme català i sindicalisme internacionalista. Una entrevista seva al *Diari de Barcelona* (aleshores diari incautat per Estat Català) el 14 d'agost de 1936 és molt explícita al respecte al públic a qui anava dirigit el diari:

DIARI DE BARCELONA: –Com quedarà Catalunya políticament?

JAUME MIRAVITLLES: –El fet català es manifesta a través de totes les activitats històriques de Catalunya. És una realitat tan gran que ho inunda tot, a desgrat sovint dels sectors i dels partits. La força històrica del catalanisme és tan gran, és talment una realitat indestructible, que triomfa fins en les persones i en els sectors que ens són hostils. Què és Catalunya en definitiva? És una manera d'ésser, ni millor ni pitjor que els altres, però diferent. Quina és la característica de la menestralia catalana? El seu sentit democràtic, el seu geni municipal. Quina és la característica de la pagesia? El seu sentit d'organització. Quina és la característica dels obrers catalans? El sindicalisme, i m'atreveixo encara a fer una afirmació concreta: l'anacosindicalisme, una mena de síntesi d'aquelles dues característiques tan fonamentalment catalanes com són l'individualisme exigent i el sentit d'organització. Això és una realitat contra la qual no hi valen ni els desigs, ni els interessos del partit. Aquesta realitat contraposada a la de Madrid, determinarà en el nou règim un fet diferencial català, que caldrà resoldre. El problema de Catalunya, doncs, és etern i es plateja en tots els sentits i en totes les institucions. [233]

De fet, aquesta actitud de consens entre catalanisme i sindicalisme farà de Miravitlles l'home d'ERC que procurarà amb més energia (juntament amb

---

[233] Entrevista dins el llibre de FIGUERES, J. M.: *Entrevista a la Guerra. 100 converses: de Lluís Companys a Pau Casals.* Barcelona: La esfera de los Libros, 2007, pàg. 285.

Carles Pi i Sunyer i Carles Martí Feced) el manteniment de la CNT dins el Govern català davant la imminència dels *Fets de Maig* ("la gran sidralada", en boca de Tarradelles[234]) en actitud contraposada a Companys i el grup format per Artemí Aiguader, Andreu i Abelló i Serra Húnter.[235] És ben clar que tots aquells fotògrafs que treballaven pe al Comissariat català o per la propaganda del govern republicà a Madrid, si no estaven ideologitzats, van començar a estar-ho. Cornell Capa, germà del fotògraf no dubtava a definir aquells fotògrafs com *"una brigada internacional de centre-esquerra armada amb les seves càmeres fotogràfiques"*.[236] Es podria arribar a dir perfectament que, en general, els fotògrafs espanyols van estar més implicats amb els esdeveniments que no pas amb la política. En general la gran majoria es va alinear més amb la República. El perquè d'aquest massiu suport a la República potser té a veure amb el mateix ofici de fotògraf. Tot i que existeixen nombrosos exemples que contradirien el que afirmo, es pot dir que genèricament l'ofici de fotògraf era més aviat liberal. I això era així perquè difícilment es podia conjugar una feina que implicava un curiós i determinat esperit, sempre obert a l'experimentació i a la recerca de noves formes, nous elements i nous components amb les proclames arcaïtzants *nacionals* que tant es contraposaven a tota aquella efervescència cultural –sovint més en projecte que no pas en acte– amb què la República va esperançar tota una ciutadania.

Puc remetre'm, amb cautela, a les imatges: una biblioteca ambulant al front d'Aragó al bàndol republicà, un poeta com Miguel Hernández arengant els combatents. I també a les paraules: Miravitlles proclamà que Catalunya *"estava fent la guerra i la revolució sota el signe de la cultura"*.[237] Potser l'únic *D'Annunzzio*

---

[234] Pròleg de Jordi Cassasses del llibre Govern de la Generalitat. TARRADELLES, J.: *Crònica de la Guerra Civil. Crònica diària de la Generalitat de Catalunya.* (2 vol.) Barcelona: DAU, 2008 pàg. 37.

[235] *Ibid.,* pàg. 37.

[236] LÓPEZ MONDÉJAR, P.: *Historia de la fotografía en España.* Barcelona: Lunwerg, 1997, pàg. 204-206.

[237] FIGUERES, J. M.: *Entrevista a la Guerra. 100 converses: de Lluís Companys a Pau Casals.* Barcelona: La esfera de los Libros, 2007, pàg. 293.

nacional el tenim en la figura de Ridruejo, però no sembla que la il·lusió de Gabrielle lluitant a Fiume es pugui comparar amb la que té Ridruejo marxant a Rússia amb la seva *División Azul* (és simptomàtic que no es va publicar *Los cuadernos de Rusia* fins més enllà de la mort de l'autor[238]). Alguns d'aquells fotògrafs van iniciar el seu treball el mateix dia de l'esclat de la guerra (Torrents, Centelles i *Gonsabi* a Barcelona; Alfonso, Vidal, Benítez Casaus i Albero a Madrid). Plenament identificats amb la causa republicana estaven Alfonso, Albero y Segovia, Torrents, Díaz Casariego, Centelles, així com els germans Mayo. A Catalunya Centelles, Català Pic (pare de Català-Roca), Diaz Casariego o Josep Renau van treballar des del *Comissariat*; i tot sembla indicar que la finalitat de la seva obra gràfica com a material propagandístic estava més que assumida. Josep Renau ho va expressar així: *"L'artista —el fotògraf— serveix a la causa comuna, a la col·lectiva tasca de derrotar l'enemic, com a pas previ a una nova situació de justícia social i de llibertat que és la que es persegueix"*[239]

La Guerra civil a Espanya va significar un canvi en el tractament de la imatge ja que en les anteriors guerres la imatge no va mai estar tan "compromesa". Abans eren tangencialment il·lustratives, i no tenien aquesta empremta d'autor que sí que tindrien a Espanya. No és una cosa que sigui provocada per les limitacions tècniques: és un canvi estètic profund, del punt de vista. Existeix un sentiment de solidaritat, d'empatia, d'identificació i de passió que impregna moltes de les produccions fotogràfiques. L'idealisme és ben present en molts dels autors: Faustino Mayo deixa el seu treball a l'*Heraldo de Madrid* i s'allista com a fotògraf al V regiment de Líster. Francisco Mayo i Benítez Casaus van formar part de l'anomenat *"altavoz del frente"*. Díaz Casariego va col·laborar amb l'aviació republicana. De Josep Renau ja em pogut llegir una citació ben explícita. Nicolás Leukona marxà d'Euskadi per anar a Madrid a

---

[238] L'autor va morir el 1975 i la primera edició del llibre és de 1978.
[239] RENAU, J.: *Constestación a Ramón Gaya; a "Hora de España"*. Any 1 núm. 2. València: febrer de 1937.

fer de portalliteres. Molts fotògrafs vans ser enviats per les publicacions il·lustrades i les agencies gràfiques. En l'àmbit internacional hi va haver absències sonades com la de Kertezs, Felix Mann o Cartier Bresson (que només va passar-hi uns pocs dies). Però va arribar Capa (que publicà preferentment a *Vu, Regards,* i *Life*), Taro (principalment a *Regards*), George Reisner i Hans Namuth (a *Vu*), els cineastes russos Roman Karnen i B. Makaseev (a *SMENA*), David Seymour (a *Life*), H. Mitchell (a *The illustrated london news*), Hollmann (a *Illustrierte Zeitung*), Kurtz i Gonitz (a *Life*), Horna (a les publicacions anarquistes com *Tierra i Libertad*) i un grapat més de fotògrafs.

El cas de la revista *Vu* és d'allò més significatiu per il·lustrar com també un cert idealisme i "compromís" existí en determinades línies editorials. A *Vu* van sortir el primers reportatges de la guerra. Era una revista dirigida per Lucien Vogel, que creà la revista i li donà el caire de revista amb reportatges il·lustrats (no amb fotos soles) amb què voldrà informar holísticament el public francès de tot el que passava al món (iniciant una tradició editorial de determinades revistes franceses que arriba fins als nostres dies). Possiblement aquest nou format té l'arrel en què ell originàriament no era periodista, sinó fotògraf (havia treballat per al govern francès com a fotògraf al *Departament de Belles Arts, Monuments Històrics i Antiguitats* el 1915, realitzant fotografies del lloc on Lucien estava mobilitzat: el Marroc). Vogel tenia un vessant polític molt format, havia estat responsable, dos anys abans, de la seva aventura en la creació de *Vu,* del pavelló soviètic de l'*Exposició Internacional d'Arts Decoratives* de París el 1926. La seva tasca a *Vu* com a editor, tan prorepublicana, va fer que tingués problemes tant amb algun accionista com amb la política oficial del govern francès de Daladier, cosa que provocà la seva dimissió i un canvi d'orientació radical del tractament de la informació sobre la GCE en la revista a partir d'abril del 1938.

Pàgina a part és tractar en aquest apartat l'obra de Capa i els altres reporters estrangers que van "lluitar" per la República. En general la seva militància reforçà la militància dels altres, i afavorí la postura bel·ligerant de la gent que van compartir estones amb ells. I amb això parlem tant de soldats com de companys d'ofici espanyols o catalans. Ells ja estaven clarament posicionats, ja que havien sofert en les pròpies carns el que significava la dissidència en els estats totalitaris. Foragitats de centreeuropa, l'esclat de la GCE els va proporcionar l'oportunitat de lluitar –conceptualment i físicament– contra les causes que van propiciar el seu èxode no voluntari. En el cas de Capa (exceptuant els parèntesis de les seves estades a la Xina, París i Nova York els anys 1938 i 1939) pot dir-se que va ser un dels que més temps va romandre a l'Espanya de la Guerra Civil. Des dels primer dies del cop d'estat fins a la retirada dels combatents republicans i el seu confinament als camps de concentració francesos. La seva obra ha estat una de les més significatives de la guerra civil, segurament perquè hi ha una sensació de proximitat, cosa que es veu –independentment de la falsetat o no– a la famosa foto del milicià de *cerro Muriano*. Capa va ser present en molts moments importants del desenvolupament de la guerra: a la fugida de la gent de Còrdova, al comiat de les brigades internacionals i a la batalla de Terol, o acompanyà la gent en el seu exili francès creuant els Pirineus.   Amb tot, s'ha de dir que molta de la pretesa "proximitat" va ser, en alguns casos puntuals, fictícia: la mateixa fotografia del "cerro Muriano" la va fer servir Capa per il·lustrar l'evacuació de Màlaga, lloc on ell ni Taro van arribar a temps,[240] i també va fer servir fotografies prestades a Seymour per il·lustrar la caiguda de Bilbao.[241] Això no obstant, aquelles fotografies van tenir tons de rotunda versemblança. Sí, el podem acusar de dir petites grans mentides en alguns casos, però el que és clar és que és no el podem acusar de ser un covard: qui, si no, seria tan temerari com per trepitjar la platja d'Omaha el sis de juny del 1944 amb només una càmera?

---

[240]GARCÍA LÓPEZ, S.: *Robert Capa y Henri Cartier-Bresson: a la captura del azar en el instante decisivo.*
     www.uv.es/imagengc/articulos/RC_HC_Captura.pdf pàg. 4.
[241]*Ibid.*, pàg. 4.

Capa no deixava de ser un jueu hongarès foragitat del seu país pel feixisme del règim de Miklós Horthy[242] que marxà a Alemanya d'on no tardaria d'haver de fugir cap a París. Allí coneixeria la seva companya, Gerta Pohorylle, comunista alemanya d'origen polonès, jueva com ell, i comunista de carnet. Capa va ser nomenat el 1938 pel *Picture Post* anglès com el "el millor reporter de guerra del món"[243] i això només va ser possible perquè les fotografies de Capa van tenir una sortida massiva en publicacions d'arreu del món. La GCE espanyola va ser la primera guerra en què les càmeres de petit format va ser presents i potser si no haguessin existit no coneixeríem ni Capa ni Centelles ni molts altres. Altres fotògrafs havien tractat guerres anteriorment (Fenton a Crimea, Mathew Brady i Alexander Gadner a la Guerra Civil americana, Agustín Casasola a Mèxic) però res no es podia comparar amb les fotos dinàmiques que permetien les noves càmeres com la Leica o la Ermanox, petites, ràpides, lluminoses. Aquesta combinació d'empatia i acció va ser molt celebrada pels director de les publicacions ja que era una estètica molt atractiva per els ciutadans que compraven les revistes il·lustrades d'Alemanya, d'Anglaterra o de França. *The berliner illustrierte Zeitung* tenia ni més ni menys que una circulació setmanal de 2 milions de còpies. Amb això volem dir que la influència d'aquelles fotos era més notable a el les poblacions europees. I no era només un fenomen europeu: *Life*, en la seva primera edició de sortida el 1936 va vendre 466.000 exemplars.[244]

---

[242]Richars Wellan i Cornell Capa ens fan cinc cèntims de la seva fugida d'Hongria: segons sembla Capa tingué una certa amistat amb el pintor Lajos Kassac, que encapçalava un grupuscle socialista. Més tard, davant les progressives traves imposades als estudiants jueus, el jove Capa participà en manifestacions i al cap de poc temps se li presentà la policia hongaresa una nit a casa seva i el va detenir. Al dia següent l'alliberaven amb el compromís de marxar d'Hongria en unes poques setmanes.
WHELAN, R.; CAPA, C.: *Capa, R.. Una obra fotográfica.* Oceano/Turner. Phaidon ltd., 2001, pàg. 5.
[243]Robert Capa Biography. Magnum Photos
http://www.google.es/url?sa=t&source=web&cd=2&ved=0CCgQFjAB&url=http%3A%2F%2Fwww.magnumphotos.com%2FC.aspx%3FVP%3DXSpecific_MAG.Biography_VPage%26AID%3D2K7O3R14TSPQ&rct=j&q=Picture%20Post%20%20ROBERT%20Capa%20best%20photographer&ei=X6RHTsGVPMnIswbCk9GoBw&usg=AFQjCNF2kiibGhQgRUuMkwkOu5tnQorhAg&sig2=jX1lqT-MxUfW0LJLiF_tBA&cad=rja
[244] Dades que provenen de Fred Ritchin, *Close witnesses, the involvememnt of the photojournalist.* Dins Frizot, M.: *A New History of Photography.* Köneman 1998, pàg. 593.

123

i Taro no eren ni de bon tros els únics foragitats: Hans Namuth i George Reisner van marxar de la l' Alemanya nazi i van instal·lar un estudi a Pollença, des d'on van col·laborar amb A*lliance Photo* al llarg de 1936. El 18 de juliol els va sorprendre a Barcelona on s'havia d'inaugurar l'*Olimpíada Popular* que mai no es va poder celebrar. El seu reportatge de Barcelona els primer dies de l'escomesa va ser publicat per *Vu*. Es van quedar a Espanya fins al març de 1937, realitzant fotos molt ben compostes, no tan properes com les de Capa.   Un   altre fotògraf estranger va ser Walter Reuter (reporter de l'AIZ) que va arribar el 1933 procedent d'Alemanya a les poques setmanes de l'incendi del Reichtag. S'instal·là a Màlaga com a fotògraf. Reuter era membre de les *Joventuts Socialistes Unificades* i es va traslladar a Madrid en esclatar la guerra. Allí col·laborà com a fotògraf al departament de premsa de les autoritats republicanes. David Seymour, polonès, amb els seus estudis de fotografia fets a Leizpig, marxà cap a Espanya motivat per les seves idees antifeixistes segurament adoptades durant els seus estudis a Alemanya, i probablement refermades a París, fruit de la seva amistat amb Capa. Col·laborava ja amb *Regards* quan va conèixer Capa. Durant mesos treballà cos a cos amb Capa i Gerda Taro, compartint experiències, films i càmeres fins a fer-se en molts casos impossible de saber l'autoria concreta de nombroses fotografies. Katy Horna, un altre persona provinent d'Hongria, col·laborà amb la premsa més anarquista (*Mujeres Libres, Tierra i libertad, Umbral*) així com per la premsa i la propaganda estatal republicana; a més fa ver discretes fotografies de la rereguarda republicana. Tota la seva producció restà amagada i no aparegué fins el 1979, quan arribà la democràcia a Espanya.

Com veiem els fotògraf que van venir d'Europa estaven d'una manera o una altra altament polititzats, o si més no conscienciats. Els fotògrafs espanyols no tenien —en general— aquest vessant tan marcat com els estrangers. Per a ambdós grups el problema logístic principal durant la guerra serà aconseguir material fungible —un autèntic calvari a mesura que la guerra s'allargava–. En pocs mesos càmeres, films i papers començaran a escassejar i no pocs fotògrafs hauran de tornar a les càmeres de plaques de vidre perquè el material negatiu de 35 mm senzillament deixà d'existir. Al bàndol franquista i hagué més material, sobretot per les trameses de l'Alemanya nazi. Tot i això no tothom es va passar al format de 35mm per falta de material: José Heredia va fotografiar els requetès aragonesos amb càmera de plaques, o fins i tot els membres del *Gabinete Fotografico del Cuerpo del Ejercito Gallego* mai van deixar de fotografiar amb càmeres *nettel* de 10x15cm.

Un gran treball fotogràfic –i de subministrament– el van fer els Germans Mayo, que creen l'*Agencia España* amb la intenció precisament de resoldre parcialment aquest problema. El subministrament no només afectava el film, també el paper dels diaris i revistes, i les tintes per a la pigmentació del rotogravat sovint van faltar. De fet, no només la cintura de gran part de la població s'aprimava, sinó que també les revistes republicanes s'aprimaven en el seu volum a mesura que s'allargava la guerra. Moltes revistes il·lustrades van anar extingint-se fruit d'insalvables dificultats. *Mundo Gráfico* va ser-ne l'última (publicà el seu últim exemplar el desembre de 1938); *Ahora* va reduir-se considerablement des del març del 38 i va tancar definitivament el febrer del 39; *Diario Gràfico* va desaparèixer el gener del 39, i *Estampa* es va convertir en una revista insignificant l'agost de 1938.[245] Aquestes progressives mancances també van afectar els estudis fotogràfics privats: poc a poc la gran majoria va paralitzar la seva activitat.

---

[245]LÓPEZ MONDEJAR, P.: *Las fuentes de la Memória II. Fotografía y sociedad en España 1900-1939.* Lunwerg, 1992, pàg. 98.

Els catalans van formar un grup fotogràfic molt conegut i meritori. Com s'ha esmentat anteriorment la seva principal peculiaritat és que van decidir –per voluntat o per practicitat– conformar-se com a *pool*, treballant sense autoria, per realitzar fotografies per als republicans, o més ben dit: *per a les propagandes republicanes*. Els Brangulí, els Pérez de Rozas, els Sagarra, els Torrents, els Badosa, els Merletti, els Puig Ferran, els Campañà..., tots van haver de saber-se ubicar en aquest món puntualment tan complex. Centelles va tenir durant la guerra una col·laboració fixa a *La Vanguardia* i a *La Publicidad*. Centelles, potser el més important del fotògrafs, era a Barcelona els dies 19 i 20 de juliol de 1936 (escenes d'aldarulls a la plaça Sant Jaume i cossos de cavalls morts a la plaça Catalunya). També hi eren Namuth i Reisner (que van venir del seu estudi de Mallorca precisament per seguir fotogràficament l'*Olimpíada*), Torrents i *Gonsanbi*. Centelles serà mobilitzat el 17 de setembre de 1937 i incorporat a la unitat de serveis fotogràfics de l'exèrcit de l'est. A principis del 38 se li encomanà d'organitzar l'arxiu fotogràfic de l'exercit amb la supervisió de Miravitlles i de Català Pic (aleshores director de publicacions de propaganda).

Al juliol madrileny tenim les fotografies d'Alfonso Sánchez Portela. Les seves fotos de l'assalt al *Cuertel de la Montaña* i més tard les de la capital assetjada són fetes amb molta proximitat. Tot i que no es veu per enlloc èmfasi i compromís com el de Centelles. Un caire de crònica bèl·lica és present a l'obra d'Albero y Segovia, reporter molt actiu a Madrid. La fotografia de tots ells ens dóna les seves posicions geogràfiques al llarg del conflicte: s'ha de detectar la feina de Sagarra, *Gonsanbi*, Badosa, Torrents a Barcelona, l'obra de Marina, Videa, Piortiz, Baldomero fill, Díaz Casariego i els germans Mayo a Madrid; Gil de Espinara a Bilbao, Luis Escobar a Albacete, Marín Chivite a Saragossa, i els germans Vial Corella (especialment Luis) a València. En general, gran part d'ells van fer els primers esforços propagandístics prorepublicans majoritàriament per la CNT –a Catalunya– o l'UGT –a Madrid– un cop va fracassar el cop inicial de la sollevament. Prova d'això és la presencia d'aquest gran nombre d'autors en col·leccions pertanyents a aquests sindicats. Molts d'ells, lluny de ser militants de carnet, només van col·laborar-hi. Això ho remarca Mónica Carabias, historiadora de l'Art del Departament d'Art Contemporani de la UCM,[246] en els seu estudi dels fons fotogràfics de l'arxiu Alfonso Lorente (de la FAI). Jo mateix, estudiant les capses del fons de reserva de l'AFB, vaig poder constatar-ho en obrir-ne una amb material de la CNT. La presencia d'Albero y Segovia, de José Tello, de Centelles, de Bargalló, del valencià J. Bondia Valls, de Josep Maria Sagarra, de Luis Vidal Corella, de Diaz Casariego, del bilbaí Gil del Espinar y Espina i un munt d'altres fotògrafs, ens demostra que al bàndol republicà hi va haver un impuls per fotografiar paral·lel a la necessitat d'informació i de propaganda d'una societat ungida en una mena d'efervescència revolucionària.

---

[246] http://fal.cnt.es/sites/all/documentos/bicel/Bicel11/7.htm

El que va passar amb els fotògrafs republicans en acabar la guerra va ser simplement l'exili, o la depuració en el cas de la majoria que es van quedar o no van poder fugir. En els dels primers anys del franquisme la repressió fou elevadíssima, d'ampli abast, i es cobrà un gran nombre de víctimes.[247] L'estil fotogràfic d'aquest període català dintre el franquisme serà absolutament diferent. No tindrà ni la vivesa ni l'espontaneïtat dels temps anteriors a la guerra, ni la valentia de les fotos de la guerra fetes per Centelles. El control absolut de la informació serà més que evident. La major part de fotografies que apareixeran a les revistes o diaris seran d'actes públics de caràcter feixista o religiós, o d'entitats socials conservadores (desfilades militars, misses multitudinàries, estrenes teatrals d'etiqueta, actes d'adhesió filonazi...). La majoria d'aquestes imatges estan preses amb material d'una qualitat no gaire bona (no hi havia importació de material a causa de l'autarquia, i la producció de l'Espanya franquista sortida de la guerra era molt deficient).

Passem ara a fer un breu relat del que s'esdevindrà a tots aquells fotògrafs hispans i forans, un cop va acabar la guerra. Respecte als estrangers, la majoria marxaren de la península per continuar la seva tasca professional. Al cap de només sis mesos d'haver-se radiat l'últim comunicat de la guerra (1 d'abril de 1936), van haver de sofrir-ne una de nova, aquest cop d'abast mundial, amb la invasió nazi de Polònia (1 de setembre del 1936). Capa, el més conegut dels fotògrafs estrangers, acabà per enrolar-se el 1943 com a periodista a l'exercit dels EUA i cobrirà els principals esdeveniments d'aquella guerra a partir d'aleshores. Abans, però, passà un temps a Londres, on recollí el patiment de la ciutat davant els atacs de la *Luftwafe* i l'ofensiva aliada al nord d'Àfrica. L'estiu del 1943, Capa fotografià la presa de Sicília. Allí, als afores de Troina, dalt d'un turó que les tropes alemanyes havien rodejat com posició defensiva, Capa es

---

[247] RODRIGO, J. *Hasta la raíz: violencia durante la Guerra Civil y la dictadura franquista*. Alianza Editorial, 2008, pàg. 27 i 176.

trobà amb un vell amic d'Espanya, Herbert Matthews, futur entrevistador de Fidel Castro a *Sierra Maestra* el 1957. Ara tots dos es trobaven com a Terol, però des de l'òptica d'assetjador. Després de Sicília, Capa seguí les tropes nord-americanes fins a Nàpols on retratà una de les imatges que millor reflectiran la victòria aliada: la de les mares dels vint partisans morts durant el seu funeral. El 6 de juny de 1944 Capa desembarcà amb les tropes amfíbies de les Forces Armades dels EUA a la platja d'Omaha. Això li va permetre fotografiar l'entrada de les tropes aliades a les platges de Normandia. Curiosament, la gran majoria dels negatius es van malmetre per un error en l'assecat d'un treballador de l'oficina londinenca de *Time Inc.* Juntament amb Ernest Hemingway, Capa acompanyà les tropes motoritzades per Normandia fins al Mont Saint-Michel i, des de allí, als afores de París. El 25 d'agost de 1944, Capa realitzarà un reportatge de l'alliberament de la ciutat, on las primeres tropes que van arribar van ser *La nueve*,[248] formada en un 80% per republicans espanyols i allí, un sorprès radio-locutor va haver d'entrevistar *"un castellano"* en comptes d'un francès *"de pura cepa"*.[249] A la primavera de 1945, Capa es llançà en paracaigudes sobre Alemanya amb les tropes dels EUA. Tingué la sort de caure en un camp, ja que molts companys seus moririen tirotejats quan intentaven desenredar els paracaigudes dels arbres. La unitat de Capa se salvà i més tard empresonà una unitat alemanya i diferents civils que vivien en edificis en flames prop d'on havien caigut ells. Unes setmanes després Capa arribà a Leipzig on immortalitzà la mort d'un caporal que disparava des d'un balcó quan fou mort per la bala d'un franctirador. A les poques hores, Alemanya es rendí. Capa sempre es referí a aquell home com l'últim a morir. Passada la guerra escriví *slightly out of focus* (Modern Library. 2001) un llibre més o menys autobiogràfic on explicà les seves

---

[248]*La Nueve* pertanyia a la 2a divisió blindada de les forces franceses lliures coneguda com a "Divisió Leclerc", que estava dintre de la Novena Companyia del Regiment de Marxa del Txad. Més informació a la pàgina web: http://www.lanueve.net/lanueve/noticias.php

[249]LEFEBVRE, M.: *Ces vétérans de la guerre d'Espagne, soldats de la 2e DB, furent les premiers à entrer dans Paris.* Le Monde, 24 http://platea.pntic.mec.es/~anilo/Paris/Le%20Monde.htm

vivències de la II Guerra Mundial i on deixà bastant de banda qualsevol mena d'idealisme o de judici de valor respecte al que havia viscut a la GCE. Mort de l'idealisme? Desencís pels processos revolucionaris? Potser simplement massa morts, massa cadàvers, inclòs el de la seva antiga companya fotògrafa morta a Brunete. Més tard Capa visità Tel Aviv el 14 de maig de 1948 amb motiu de la declaració oficial de la fundació de l'estat d'Israel i va restar-hi durant 6 setmanes per realitzar el reportatge de la guerra de la independència contra els veïns àrabs. Capa escriví que l'exèrcit israelià li recordava l'exèrcit republicà espanyol al començament de la Guerra Civil: "El mateix entusiasme, les mateixes diferències polítiques, professionals i generacionals". Quan Capa vivia a París als anys 30, dos dels seus millors amics eren uns cineastes japonesos. Tot i la guerra mundial, mantingueren l'amistat amb Capa i això permeté que Capa fos enviat al Japó per fer un reportatge sobre els costums de vida del país. L'any 1954 substituí un fotògraf al Vietnam, on, seguint un grup de soldats francesos, trepitjà una mina i morí.

Gerta Pohorylle, la companya de Capa, nascuda a Sttugart però d'origen polonès, perdé la vida en un accident tornant del front de la batalla de Brunete. Gerda pujà a l'estrep del cotxe del General Walter (comandant de la XIV Brigada Internacional) i de cop uns avions sollevats volant a baixa altura van provocar el pànic en el comboi i un tanc republicà l'atropellà; malferida, la van traslladar urgentment a un hospital d'*El Escorial*, on morí; tenia només 26 anys. El seu cos va ser traslladat a París, on va rebre tots els honors com a heroïna republicana. Fou la primera dona fotògrafa morta en un conflicte bèl·lic. El seu enterrament, l'1 d'agost del 1937, en presència de milers de persones, va esdevenir una manifestació antifeixista. L'elogi fúnebre fou pronunciat per Pablo Neruda i Louis Aragon.

David Seymour retornà a París el 1939, des d'on viatjà a Mèxic. Després s'establí a Nova York i serví a l'exèrcit dels Estats Units durant la Segona Guerra Mundial com a fotògraf i intèrpret fins a 1945. Acabada la guerra viatjà per a la UNESCO a Txecoslovàquia, a Polònia, Alemanya, Grècia i Itàlia per documentar els efectes de la guerra en els nens. El 1949 publica el llibre *Children of Europe*. El 1947, juntament amb Capa, Cartier-Bresson i George Rodger, fundà l'agència de fotografia *Magnum*. Després de la mort de Robert Capa el 1954 perdrà la presidència de *Magnum*, però per molt poc temps ja que el 10 de novembre de 1956, durant la crisi de Suez, i realitzant un reportatge sobre l'intercanvi de presoners, serà metrallat per soldats egipcis en un encreuament fronterer. Kati Horna col·laborà amb publicacions sobretot anarquistes com ara *Mujeres Libres* o *Tierra i Libertad*. Algunes de les seves fotografies van servir per fer cartellisme. Tractà molt la vida quotidiana a diferents pobles en temps de guerra. A Espanya coneguè el seu futur marit, el pintor i escultor José Horna, de qui prendrà el cognom. Tots dos fugiran a París quan acabi la GCE, enduent-se un munt de negatius que no sortirien a la llum fins el 1979 amb la democràcia a Espanya restablerta. Kati Horna seguí treballant a París, però amb la invasió nazi de França hagué de tornar a fugir, aquest cop a Mèxic, on traspassà l'any 2000.

En el cas de Centelles és ben conegut que s'exilià a França emportant-se una maleta amb els negatius d'aquelles imatges que considerà més rellevants. Les tropes franquistes van requisar la resta dels negatius que encara es trobaven al seu domicili i que, posteriorment, es van traslladar a l'Arxiu de Salamanca. Va estar pres en diversos camps de concentració francesos, on aconseguí salvar els seus negatius així com les càmeres fotogràfiques que s'havia endut. Aconseguí fins i tot establir un petit laboratori fotogràfic al camp de Bram, proper a Carcassona gràcies que posseïa un carnet de periodista expedit per les autoritats franceses. El mateix 1939 aconseguí un permís especial per abandonar temporalment el camp de concentració i treballar a la verema. Quan aconseguí feina fixa en un estudi fotogràfic, el permís es va convertir en definitiu. El 1942 entrà en contacte amb la resistència francesa amb la qual començà a col·laborar realitzant fotografies per a identificacions falses. Alguns dels membres del grup de la resistència van ser detinguts el 1944 i el laboratori fotogràfic va ser desmantellat. Centelles deixà els seus negatius a càrrec d'un amic i tornà a Catalunya, on va entrar per la frontera andorrana. S'instal·là a Reus, on va residir de forma clandestina durant dos anys. El 1946 tornà a Barcelona i es presentà davant les autoritats. Va ser jutjat i va quedar en llibertat condicional. El seu passat polític l'impedí dedicar-se de nou al fotoperiodisme per la qual cosa es va decantar per la fotografia industrial com a mitjà per guanyar-se la vida.

En el cas del germans Souza Fernández (els *germans Mayo*), Paco i Cándido Mayo marxaren a Mèxic via França el 1939, però no el seu germà Julio, qui caigué presoner a Alacant i mai no arribà el vaixell que havia de portar-lo a Orà com a primera escala cap a l'exili (els vaixells sollevats ho van impedir). Van arribar els italians al port i va haver de tirar la seva pistola i la càmera –una Contax– al mar. Després de passar per camps de concentració, presó, treballs forçats i ser obligat a fer el servei militar, Julio va ser alliberat, llicenciat com a "desafecte al règim en classificació D". Després d'això tornà al darrere de la càmera, treballant en l'estudi madrileny Casa Emilio on participà en diverses pel·lícules (paradoxalment participà a la filmació de *Los últimos de Filipinas*). La llibertat li arribà gràcies al matrimoni, ja que li reportà, a més de dona, la possibilitat d'obtenir un passaport. El novembre del 1947 es reuní amb els seus germans a Mèxic. De tota la seva producció sobre la GCE en resta ben poc. Van distribuir les fotografies a través de l'agencia Antifafot, però les seves fotografies i els seus negatius han desaparegut. Probablement són a l'antiga Unió Soviètica. Pere Català i Pic, que fou el creador d'uns dels primers cartells fets íntegrament mitjançant un fotografia (la fotografia famosa de l'espardenya trepitjant una esvàstica) no marxà, però no va poder reprendre cap activitat professional dintre de l'àmbit de la fotografia fins el 1942, quan obrí un petit negoci familiar ajudat pels seus fills, Maria-Aurèlia Català Roca, Francesc Català Roca i Pere Català Roca.

Josep Renau, que l'any 1936 va ser nomenat director general de Belles

Arts, fou qui encarregà a Picasso la realització del Gernika per a l'*Exposició Internacional d'Arts i Tècniques* de París i qui va decidir el trasllat a les Torres de Serrans de València de part de l'obra del Museu del Prado per a salvar-la dels bombardejos de Madrid i qui va organitzar-ne amb posterioritat el trasllat a Suïssa. Va ocupar el càrrec fins al final de la guerra. Després passà a França, on fou internat en un camp de refugiats a Argelers. Aconseguí un visat per a Mèxic el maig de 1939, on treballarà per a revistes espanyoles a l'exili i on col·laborarà amb David Alfaro Siqueiros. L'any 1958 deixà Mèxic per a instal·lar-se a Berlín Oriental (República Democràtica Alemanya). Allí realitzarà murals i fotomuntatges (*Fata Morgana USA* 1967 i *The american Way of life* 1977). Beneficiat per l'amnistia general de 1976, tornà a Espanya, però només de manera ocasional. Va morir a l'antiga RDA.

Díaz Casariego, considerat des dels anys vint entre els millors reporters gràfics espanyols al costat d'Alfonso, Luis Ramón Marín i Pepe Campúa, i que van estar treballant a la publicació de *Mundo Gráfico*, va haver d'ocultar la seva obra sobre la guerra civil més de 50 anys. Després de la guerra civil espanyola va ser condemnat a mort i després indultat, però no va poder tornar a exercir de reporter gràfic, per la qual cosa va estar treballant com a funcionari a l'*Hemeroteca Municipal de Madrid.*

Alfónso Sánchez Portela, president el 1933 de la *Unión de Informadores Gráficos Españoles* i realitzador de diferents reportatges (com ara el de l'alçament republicà de Jaca o la situació de la població civil a Madrid o de la batalla de Terol, on va estar a punt de morir congelat) va fotografiar també Julián Besteiro llegint al micròfon de la ràdio el comunicat del *Consejo Nacional de Defensa*, per mitjà del qual s'informava del cessament de la resistència a Madrid. En acabar la Guerra Civil va ser depurat i se li retirà el carnet de periodista, que no li van tornar fins el 1952, encara que mai més va tornar a fer de fotògraf de premsa. A l'agost de 1939 la família Sánchez obrí un Nou estudi a la *Gran Via* ja que l'antic havia estat destruït per un obús. El 1992 el *Ministerio de Cultura* adquirí l'arxiu de l'*"Estudio fotográfico Alfonso"*, format per més de cent mil negatius.

Respecte a Alessandro Merletti, les seves fotografies de la desfilada de la victòria a Barcelona, de l'any 1939, van ser l'inici d'una nova època durant la qual va saber distanciar-se del seu passat recent. Merletti deixà de treballar i, contemporitzant, va aconseguir que fos el seu fill qui entrés a formar part d'*El Correo Catalán* com a reporter gràfic.

Luís Escobar López, el fotògraf d'Albacete, va fer nombroses fotografies per a l'*ABC* republicà de Madrid , *Ahora, Mundo Gràfico* i *Blanco y Negro*. Quan va finalitzar la guerra la seva família va haver de destruir l'arxiu del domicili per tal de no veure's en un greu compromís. Paral·lelament, a Luis el van detenir a Albacete quan van arribar les tropes italianes que *alliberaven* la ciutat. Detingut, va salvar la vida de miracle en una turba d'incontrolats i fou reclòs a la plaça de braus on estaven tots els detinguts. Al cap de poc va ser jutjat i condemnat "per rebel·lió militar" i va haver de passar dos anys a la presó. Els arxius que va trobar la policia van ser confiscats i possiblement amagats o destruïts. Només es van salvar 2000 negatius del seu treball i un miler de positius. Publio López Mondéjar, de qui em extret la major part de la informació,[250] li va dedicar una biografia en què només apareixen cinc o sis fotografies de guerra, i cap de les brigades. Escobar va estar al quarter general dels brigadistes i va fer nombroses fotos dels soldats col·locats darrere una tela dibuixada que simulava un paisatge. Aquestes fotografies han pogut descobrir-se gràcies a àlbums personals d'antics brigadistes com el suïs Marcel Borloz. López Escobar va ser parcialment depurat durant l'època franquista, però va reprendre el seu estudi d'Albacete fins el 1953.

El jove Pérez Molinos, després de fotografiar durant la guerra per a diaris com *La Vanguardia*, *El Noticiero Universal*, *La Rambla* i majorment i durant gran part de la guerra per a *Treball*, va anar quedant vinculat a poc a poc amb el PSUC creat a l'inici de la guerra. Passà després a fer fotografies per a la revista *Frente Rojo* quan la redacció d'aquest diari va venir a Barcelona. Innocentment fotografià l'entrada dels *nacionals* a Barcelona, fou detingut, el seu material confiscat i la seva casa registrada. Cinc dies després sortí de la presó gràcies als bons oficis de son pare i obtingué un carnet de periodista, amb un preu: passejar-se amunt i avall de la Rambla per deixar-se saludar per gent coneguda i que els policies de paisà detinguessin els desafortunats que l'havien saludat.[251] Treballa fent fotos, però un bon dia algú descobreix el seu passat quan revisa els papers per fer el servei militar. Serà llavors definitivament apartat. Pérez Molinos penjà la càmera per dedicar-se a una empresa d'articles de pesca i no la tornà a agafar fins l'arribada de la democràcia per fer fotografies informatives per a *Treball* i per al PSUC. Va intentar recuperar el material robat a Salamanca, però no en va trobar res; si encara existeix, podria estar –segons Josep Cruanyes– en algun lloc o dependència relacionat amb la policia.[252]

[250] LÓPEZ MONDEJAR, P.: *Luís Escobar, el fotógrafo de un pueblo.* Lunwerg, 2001, pàg. 44.
[251] HUERTAS CLAVERIA, J. M.: *Catalunya en guerra i en postguerra. Fotografies de Josep Maria Pérez Molinos.* Viena Edicions, 2005, pàg. 16 i 17.
[252] *Ibíd.*, pàg.17.

Francesc Boix va ser militant de les Joventuts Socialistes Unificades de Catalunya, durant la Guerra Civil va ser fotògraf de la revista *Juliol* i el 1938 fins i tot va combatre amb la 30a Divisió de l'Exèrcit de la República Espanyola. El febrer de 1939 s'exilià a França i fou internat en els camps de Vernet d'Arieja i de Setfonts. D'allà va sortir el per formar part d'una Companyia de Treballadors Estrangers, integrada en L'exèrcit francès. Al maig de 1940 caigué presoner de les forces alemanyes que envaïen França. Després de passar per un camp de presoners de guerra va ser enviat a principis de 1941 al camp de concentració de Mauthausen-Gusen. Allí, Boix treballà la major part del seu període d'internament al laboratori fotogràfic que l'administració del camp destinava principalment a usos policials. Fins 1945 aconseguí d'amagar un nombre important de fotografies que mostraven aspectes de la crua realitat del camp i de les pràctiques d'extermini. El 1946 Boix fou cridat com a testimoni en dos processos contra criminals de guerra nazis: davant el Tribunal Internacional de Nuremberg testificà (per banda de l'acusació francesa) contra alts jerarques nazis, van ser projectades algunes de les fotografies que havien estat preservades de la destrucció a Mauthausen; també declarà per als americans al procés celebrat a Dachau contra 61 acusats de crims. Després del seu alliberament de Mauthausen, Boix treballà a França com a fotògraf de la premsa propera al PCF (*L'Humanité, Ce Soir, Regards*). Va morir a París a l'edat de 30 anys, probablement a causa una malaltia relacionada amb el seu pas pel camp de concentració.

Part del grup de fotoperiodistes que ja exercien a Catalunya, més altres fotògrafs nouvinguts amb les tropes d'ocupació, van ser integrats pel nou règim i van ocupar llocs bacants lliurats a contracor pels absents o els represaliats. Un fet a destacar d'aquell moment va ser l'espoli sistemàtic de tots els fons gràfics i documentals per part de les tropes franquistes. A Barcelona, es va encarregar d'aquesta ignominiosa feina el fotògraf galerista Josep Compte, addicte al nou règim i falangista. La neteja engegada va ser exhaustiva: no només es van requisar els arxius personals dels fotògrafs (dels que es van quedar i dels que van fugir) sinó tots els arxius dels diaris i publicacions de l'època republicana i l'*Arxiu Fotogràfic de l'Institut Municipal d'Història*. La destinació final dels decomisos sembla que va ser Salamanca, al fons de l'*Archivo Histórico Nacional*. Lamentablement no es pot saber amb exactitud el material concret que es va arribar a requisar, ni tan sols si encara existeixen aquests fons gràfics o en quin estat es troben.

I en fi, la gent que va aconseguir el *placet* per treballar va haver de buscar-se la vida. *Nihil novum sub sole*. Uns amb més dignitat que d'altres. El que és clar és que el panorama era ben magre: se sortia de la guerra, cosa que per a molts era una alegria, però la pressió contra cultural era tan extrema i tan fanàtica contra tot allò català, *roig* o estranger que fins i tot canviaran els rètols de carrers consagrats a gent tant sospitosa de ser catalanista, anarquista o marxista com Issac Newton.[253] La família Branguli va entrar a *El Noticiero Universal* i al *Diario de Barcelona*, els Pérez de Rozas a *La Vanguardia, Solidaridad Nacional, La Prensa* i l'Agència EFE, i els Merletti, a *El Correo Catalan*. Altres fotògrafs, com Campañà, Bert o Claret, van poder exercir en un camp poc compromès i relativament neutre com era el de la informació esportiva. Altres fotògrafs catalans, que no havien participat de la guerra compromesos en cap dels dos bàndols, però amb una certa adscripció dretana van aconseguir alguna tasca fotogràfica dintre del nou Estat (com els fotògrafs de la família Ribera; Jaume Ribera Llopis va fotografiar des de la reconstrucció dels ponts i camins – tasca destinada a presoners republicans– fins a les noves estacions i locomotores de RENFE dels anys quaranta i cinquanta (fetes majoritàriament per Francesc Ribera Colomer, fill de l'esmentat Jaume Ribera).[254]

---

[253] Amb referència al canvi de nom del carrer *Issac Newton* de Sabadell, vg. MARÍN. M.: *Historia del Franquisme a Catalunya*. Lleida: Ed. Pagès, 2006, pàg. 75.

[254] Dades orals proporcionades per l'actual besnét de Jaume Ribera Llopis, Jaume Ribera Riera.

IV· Conclusions

— *El [rebel libi]que retrata amb el seu Nokia el pilot [libi, de l'exèrcit fidel a Gadafi] decapitat està fotografiant-se ell mateix —li vaig comentar aquell dia a un libi.*

— *I per què en el camp de batalla els reporters gràfics occidentals fotografien i publiquen tot tipus de cossos morts menys els dels seus companys caiguts? —em va respondre.*

Plàcid Garcia Planas.
La Vanguardia. 15/5/2011

Jünger assegurava en la seva maduresa que com més civilitzada és una societat que infligeix dolor més velarà el fonament de crueltat sobre el que se sustenta.[255] La fotografia pot ser sempre un testimoni incòmode i és natural i lògic que els encarregats culturals del franquisme requisessin les fotografies i tot el material susceptible de ser contrari al seu moviment. En el cas de la fotografia, sempre podia ser un testimoni incòmode, ja que té la consubstancial capacitat de registrar sempre allò que veu sense sotmetre's a un procés de sublimació literària. Per això tot govern digne d'aquest nom vetlla i vetllarà sempre pel control de la imatge en la societat (el govern anglès n'ha estat aquests dies paradigma).

D'acord amb aquesta premissa i atès el relatiu baix control de la imatge en el bàndol republicà, hom es pot preguntar: és que no hi va haver un autèntic govern republicà en el sentit de govern fort, amalgama de tots els corrents republicanes i timoner del destí de tot un Estat? Doncs sembla que no. O, si més no, no fou prou fort per centralitzar els diferents corrents en un esforç unitari de propaganda activa, perquè de propaganda n'hi va haver molta, però provinent de multitud de "sensibilitats republicanes", sensibilitats que incloïen corrents antagònics i fins i tot corrents capaços de devorar, de forma quasi autòfaga, el nucli de poder sobre el qual se sustentava la república. Amb això no es vol afirmar que Azaña fos el Kerenksy espanyol: fóra massa fàcil i, a més, fals. Aquest problema no és tan present al bàndol sollevat on les diverses famílies (falangistes, monàrquics, estament militar, carlistes, tradicionalistes, la cúria eclesiàstica) competiran per determinades esferes de poder però sempre d'una forma ben discreta de cara a l'opinió pública i fent els moviments *dintre* i no pas *fora*. Les dissidències van ser significatives: ni més ni menys que els caps del falangisme i el carlisme, a més dels recels d'un bon grapat de generals. Però totes aquestes dissidències sempre foren posades en sordina. Franco va saber

---

[255] DA, SÁNCHEZ DURA, N. (Coor.): *Guerra técnica y fotografía.* Universitat de València, 2000, pàg. 62.

139

aprofitar les tensions de primera hora fent de la seva persona un punt de convergència de totes les tendències abans i després del decret d'unificació. Una unificació que donà pas a la creació d'un *Movimiento* que ho era tot menys el seu significat etimològic. Que hauria passat amb Franco d'haver triomfat el cop militar o fins i tot si hi hagués hagut només una guerra curta? No ho sabrem pas, però potser el futur hauria estat molt diferent.

S'ha d'afegir que en l'àmbit fotogràfic es produeix a finals dels anys 20 una tendència cap a l'estudi de l'ofici en escoles situades a les capital europees de la fotografia, bàsicament a Alemanya (Antoni Campañà, Claudi Carbonell) o França (a Lyon, Jalón, i a Paris el mateix Jalón, Renau i Vilatobà) cosa que trencava –parcialment– el tradicional aprenentatge familiar de l'ofici, en una transmissió que s'acostumava a fer de pares a fills aprofitant la infraestructura familiar (Sánchez Portela, Kaulak, Martí Vidal, Ribera), autodidacta (Miguel Goicoechea) o més usualment com a aprenent a l'estudi d'un fotògraf ja consolidat (Centelles, Alfonso, Amador, Campúa, Pere Català, Gombau i molts altres).

També pel que fa a la fotografia, som del parer des d'aquest treball que la fotografia durant la GCE té una vida pròpia més enllà de la utilització propagandística en un o altre bàndol. Aquest art pertany a un *cicle llarg* situat en una altra esfera. L'esclat de la guerra accelerà en certa mesura el canvi estètic provocat per les avantguardes europees. Una modificació estètica que en el cas espanyol tindrà una marcada ruptura amb la tronada estètica proposada pels vencedors. La victòria final del franquisme –i el totalitarisme cultural implícit– va fer tornar a l'estil del tardopictoralisme, un corrent més que conservador i caduc a les acaballes de la dècada dels trenta.

L'adscripció política dels fotògraf hispans va ser més aviat tova, més fruit de les circumstàncies específiques de polarització política del moment. S'adverteix en la majoria (tant en fotògrafs *nacionals* com republicans) un progressiu compromís ideològic a mesura que la guerra llarga era més que evident. Dintre d'aquesta regla, hi ha excepcions com les protagonitzades per casos ben concrets, *"nacionals"* de primera hora (Campúa, amb el seu pare assassinat en una txeca el 1936[256]) o de tendències anarquistes (Julio Souza dels *Hermanos Mayo*, molt influenciat pel seu seguiment de la campanya repressiva de Franco sobre Astúries el 1934). No hi ha dubte que la guerra els marcarà sobre manera. Una cosa que em vaig preguntar és si l'antiga participació de molts d'ells com a reporters a la guerra del Marroc els va decantar cap a la seva posterior adscripció ideològica durant la Guerra Civil. La conclusió a què arribo és que no necessàriament. Campúa és al Marroc, i també José Ortiz-Echagüe (aquest en qualitat d'enginyer de l'exèrcit), però també Alfonso, Díaz Casariego i Sánchez Portela, que estan realitzant reportatges per a diferents revistes il·lustrades i se'ls suposa també una convivència estreta amb soldats i oficials espanyols. El que sembla clar és que aquells que practicaven una fotografia d'avantguarda van alinear-se, *per natura*, amb el bàndol republicà. I no van tardar a potenciar aquesta fotografia directa ja que era l'estètica mateixa de les revistes on publicaven. Aquest alineament estètic fou molt afortunat en el sentit creatiu i la "culpa" d'aquest èxit es pot assignar als més alts encarregats de la producció fotogràfica republicana. Miravitlles, per exemple, que fou cap de propaganda de la Generalitat, tenia tot un passat *dada* a París, a més d'una filiació molt proactiva a Estat Català —va participar dels fets de Prats de Molló— i una participació posterior en una hibridació nacional-comunista anomenada *"Bloc obrer i Camperol"* abans d'afiliar-se a *Esquerra Republicana*. No ens ha d'estranyar que Capa, Reisner o Namuth utilitzessin els materials i les instal·lacions del Comissariat ja que ajudar-los era ajudar una República assetjada; així pensaven Miravitlles i tots aquells que estaven a la Generalitat durant la guerra. En el camp fotogràfic sembla que no importava tant pertànyer a un partit polític en concret, les fronteres ideològiques entre diferents partits d'esquerra –i fins i tot

---

[256] http://www.foto-campua.com/spanish/la%20guerra%20civil.htm

les diferències nacionals hispanes– estaven més que difuminades. Tot es podia englobar en un esperit antifeixista i no hi va haver cap mena de *Maig del 37* entre els fotògrafs republicans que seguien els esdeveniments de la guerra.

L'internacionalisme estava ben present al bàndol republicà, i era un corrent que fluïa com una capa de genuïna fraternitat entre els homes. Els fotògrafs estrangers van donar volada internacional al conflicte i van tenir un posicionament molt ferm que de ben segur es va contagiar als espanyols. No només les tropes brigadistes del XV regiment van aixecar la moral del poble de Madrid, els fotògrafs que els acompanyaven també van tenir probablement un ascendent entre els fotògrafs espanyols. Aquest estrangers foragitats pel totalitarisme tenien una presa de posició bel·ligerant que segurament va retro alimentar els espanyols per una complexa osmosis efectuada a la llum de nombroses vetllades, en xerrades informals on es compartien les sofertes experiències. Però també cal dubtar d'aquesta hipòtesi, ja que les posteriors ubicacions ideològiques de tots aquells fotògrafs no van ser d'un estricte posicionament àcrata o de militant comunisme. *Magnum,* l'agència creada per Capa, Bresson i Seymour, lluità associadament pels drets dels fotògrafs davant dels posicionaments corporatius de les agències que hi havien llavors, que més que defensar el treball i la feina ben remunerada dels fotògrafs laminaven els drets d'autor, i rebaixaven a mínims l'ètica professional. Sí, Magnum era una organització liberal, més aviat escorada vers un corrent ideològic *esquerrà* en el sentit nord-americà del terme, però en cap cas no anava més enllà d'això, actuava fotogràficament. Els escrits dels seus fundadors i integrants no destil·len messianisme per un món proletari que ha d'arribar i pel qual s'ha de lluitar. Sí que hi va haver, per contra, una fotografia de caire humanista, amb una notable empatia pels "desfavorits" i amb voluntat de redreçar clamoroses situacions d'injustícia a través de la persuasió fotogràfica. Eugene Smith i tot els seu treball com a membre associat de *Magnum* fou en aquest sentit tot un exemple.

Sigui com sigui en general sembla que els fotògrafs espanyols va arribar a la guerra menys polititzats del que en van sortir, però no tan polititzats com per sumar-se a una guerra del maquis o per no veure clar que tot allò s'havia acabat per a ells. Com se sol dir, els fotògrafs acostumen a ser més fidels als seus aparells i a la seva metodologia. Un cop passada la guerra, a l'Espanya franquista es va caure —pel que fa a la fotografia— dins l'estètica caduca del pictorialisme. No són d'estranyar els dubtes de molts intel·lectuals vers la pobresa cultural que veien en l'horitzó *nacional*, paral·lela a la reconquesta espiritual de l'església catòlica manifestada en tantes i tantes misses "purgatives" fetes en places i carrers d'arreu de l'Espanya "roja". Per als fotògrafs espanyols només hi va haver dues opcions: l'exili o la depuració, després de desfer-se preventivament del seu treball.

V.   Consideracions finals

*(...) i trencar i esbocinar les imatges
significava la destrucció de la República
(...)*

Historia. Altrament conegut com a
Historia de la Guerra del Peloponès. VI
part del VI capítol. Tucírides.

Robert Doisneau, un insigne fotògraf que –com Centelles– treballà per a *la Résistance* fent fotografies per a passaports falsos durant la II Guerra Mundial comentava això quan li feien recordar el seu barri parisenc de la infantessa:[257] *"Vaig néixer a Gentilly, un suburbi de París que era especialment lleig... encara que no més lleig que altres suburbis de Paris (...) A l'escola, cap a 1925, els meus ulls es van obrir respecte a les coses funcionals. La gent volia que l'art es fes funcional, les cases havien de ser funcionals, la vida havia de ser funcional. Jo odiava Gentilly pels seus carrers i les seves esquerdes "infuncionals", per l'absurd dels seus petits orificis irrellevants i els seus sots. Però ara Gentilly és funcional. Ja no hi ha nusos ni esquerdes, ni terra sense utilitzar! És pitjor que abans! És horrible! Però el que pel que sembla ocorria allà era que aquest suburbi servia com un desafiament per als éssers humans. El que vull dir és que quan un ésser humà passava a través d'aquest escenari, per exemple algú que fos jove i estigués enamorat, era mil vegades més actiu del que hagués estat en un escenari pastoral o romàntic. Existia aquesta oposició contínua entre l'escenari, que era tan dur, tan absurd i tan lleig, i la seva gent. Ara les grans empreses han aconseguit que el lloc sigui més gran i més difícil que abans i els joves no podran transformar el seu escenari perquè serien qualificats de delinqüents"*.

Quanta raó tenen aquestes paraules que no són gens contemporànies: tenen més de quaranta anys! El capitalisme en versió globalitzada i digital ha engrandit aquesta percepció que les coses no s'han fet bé i tant és així que els joves –i no tan joves– en aquest juliol de 2011 han anar de forma radial a Madrid portant una pancarta que assegura que *"el problema no es la crisi, és el sistema".*[258] Tinc la sort de tenir encara a casa –com tantes altres persones que m'envolten– un ordinador personal i una connexió a Internet. Això se'ns dubte m'ha possibilitat (a banda de llegir on-line el diari que abans havia de compartir amb un cafè al bar) poder, entre d'altres coses, realitzar també aquest treball. El passat 19 de juny apareixia un article de Quim Monzó sobre la *"Spanish revolution"*[259] on, molt encertadament sota el meu parer, Monzó instruïa sobre

---

[257] HILL, P.; COOPER, T.: *Diálogo con la fotografía.* Gustavo Gili, 1980, pàg. 83.
[258] http://www.cronica.cat/noticia/No_es_la_crisi_es_el_sistema_

evidències de llenguatge que sovint, per l'abús de l'ús, se'ns escapen. Monzó parlava de *revolution* en la seva etimologia: com a nova evolució, com una volta més a un cercle, accepció que denota el fet que el mot *revolució* potser no és tant un canvi radical de les estructures, sinó un reafirmament d'aquestes estructures. Si consultem el diccionari, no tardem en percebre un oxímoron en aquest mot: per una banda, se'ns diu que revolució és un *Canvi fonamental en l'organització política, en el govern o en la constitució d'un estat*; però, per una altra, se'ns diu que és el *Moviment d'un cos que descriu una trajectòria closa, circular o el·líptica, al voltant d'un altre cos, d'un centre o eix.*

El concepte d'*"spanish revolution"*, al qual es referia l'escriptor català, és òbviament el moviment 15-M o moviment dels *indignats* que ha estat present aquest mesos a casa nostra i que té l'origen en les revoltes nord-africanes que han pogut derrocar —ara per ara— unes quantes dictadures i falses democràcies L'onada no sembla haver abaixat l'amplada de la seva sinusoide i molts règims tremolen encara a hores d'ara: Síria a un pas de desfer-se dels Al-Assad malgrat la guerra civil, Barheim tocat, Iemen pràcticament enfonsat, Líbia amb un Gadafi molt en una batussa enmig del seu deliri. Egipte entre l'esperança per la revolució i el decensís del continuisme malgrat veure el Rais jutjat, Tunísia sense haver vist gaires canvis polítics encara... Tot aquest reguitzell de revoltes van ser convocades mitjançant Internet. Les pròpies imatges que els manifestant enviaven a la xarxa (policies colpejant, multituds amb les mans alçades, innocents sagnant) eren detonants per augmentar dia rere dia les concentracions a les places públiques més significatives d'aquest països. La imatge digital, per tant, va tenir aquí un poder enorme com a aglutinador i desencadenant de processos de canvi. Aquestes mateixes imatges que han produït els canvis, que contenen un significat en si mateix, són imatges a què Vilém Flusser molt lúcidament va donar una preeminència de significat més elevada que no la

---

[259] http://www.lavanguardia.com/opinion/articulos/20110519/54156645763/he-aqui-la-spanish-revolution.html

paraula. No repassarem ara l'obra de Flusser però sí que direm que ell considerava precisament l'escriptura com a simple *metallenguatge* de les imatges, un llenguatge més antic, més intens i per descomptat més rics en significats. Ara bé, la sobreabundància d'aquesta postfotografia feta de sílice i no pas de les tradicionals sals de plata invalidarà totalment aquesta *Llei de Flusser* perquè milers d'imatges d'un esdeveniment, indexat en un magma d'informació de milers d'imatges poden fer perdre qualsevol perspectiva respecte a la importància real de les coses. Sempre ∞ tendirà a 0.

Sigmund Krakauer ja es preguntava el 1927 què seria de la premsa il·lustrada sense les imatges. La seva visió ja denota l'existència d'una malfiança vers la capacitat dels mitjans per alterar el caràcter referencial de les imatges. La premsa il·lustrada difonia ja aleshores imatges descontextualitzades i tretes dels seu marc referencial cosa que, fet de forma vertiginosa (tal com es fa avui dia), impedeix qualsevol tipus de reflexió. Krakauer escrivia que l'allau d'imatges es tan poderós que amenaça amb destruir la consciència de trets decisius, concloent de forma pessimista que *"fins ara cap altra època ha sabut tant poc d'ella mateixa"*.[260] Què podríem dir de la nostra societat?; en sabríem dir gaire més nosaltres de la nostra pròpia? L'hiperabundància icònica del nostre món global està plena d'imatges sense significat, i si alguna imatge en té –de significat– sol esdevenir-se que passa ben desapercebuda entre tantes i tantes imatges. *Un major nombre d'imatges ens tenen pitjor informats,*[261] afirma Pepe Baza, editor gràfic del suplement dominical de *La Vanguardia.* Aquest mateix autor ens adverteix en el seu llibre *"Los lectores, que bastante tienen con llevar adelante sus vidas, esperan que la prensa les ofrezca marcos adecuados de análisis desde principios de independencia profesional, de realidad significativa y de verdadera razón democrática. Y de eso hay un enorme déficit, que la imagen exhibe de foma más evidente que la palabra. El triunfo absoluto del capital a través*

---

[260] KRACAUER, S.: *La fotografía y otros ensayos. El ornamento de la masa I.* Barcelona: Gedisa, 2008, pàg. 32

[261] BAEZA, P.: *Por una función crítica de la fotografía de prensa.* Barcelona: Gustavo Gili, 2001, Pàg. 10.

---

de su concentración hegemónica —muy significativo en el sector de la comunicación— y el control
férreo aunque poco visible de la contestación y de la crítica, se están realizando, entre otros
factores, gracias a la desmobilización, fragmentación y ensimismamiento que propician los usos
alienadores de los modelos comunicativos dominantes".[262]

Es una pena que el Sr. Baeza, des de la seva palestra privilegiada de La Vanguardia —clàssic altaveu de l'*establishment*— no hagi fet gaire cosa del que diu per resoldre aquests problemes de fragmentació, desinformació i embadaliment. *Projectes a què se'ns convida il·lustradament a participar, però que en cap cas se'ns planteja discutir...* vaig escriure a la introducció d'aquest treball. Serà que Tucírides tenia raó? Que *Trencar i esbocinar les imatges significa la destrucció de la República?* Doncs em permeto dir que la nostre civilització (la *Zivilization* a l'engròs de la que en parlava Freud) esta feta de fragments d'imatges, de collages inintel·ligibles on navega una cultura (una *Kultur*) que sempre és una mena d'utopia redemptora que intenta entendre la civilització com pot, transformant-la en el seu esforç per entendre-la, i sempre acaba per fer un món més *digerible* per al nostre enteniment. Només cal fixar-se en les fotografies de rostres exòtics de *Benetton* en qualsevol expenedor de preservatius de qualsevol bar de nit. Quan van aparèixer, eren novetat; ara són només un fidel reflex de la multitud de fisonomies que ens envolten. És cultura que engoleix *soroll*, i en aquesta deglució —que és la tasca de tota cultura— l'home particular pot arribar a desesperar si no té la capacitat per suportar tota la cacofonia de contrasentits; i s'hi pot desfermant-se una ira que pot ser exterioritzada a trets en un supermercat nord-americà, o en qualsevol mena d'illa com la d'Utøya.

---

[262] *Ibid.*, pàg. 10.

En la societat global d'imatges, el control d'aquestes és i serà més evident per a aquells que vulguin veure-ho. Quantes vegades hem vist la mateixa fotografia que il·lustra una determinada notícia en tota una gran diversitat de mitjans? No serà per falta de càmeres! Els *media* acostumen a agafar les seves imatges –i fins i tot la notícia sencera– d'agències especialitzades que distribueixen al món els resum fets en un despatx d'un fet *digne* de ser notícia. Fins i tot en la guerra els exèrcits occidentals fa dècades que subministren directament la informació als mitjans de comunicació, i marginen –o prohibeixen– els *freelance*.   Les agències de captació, transformació i reemissió de notícies i imatges fabriquen resums mastegats dels esdeveniments fets d'imatge i text. Quan no interessa una notícia –que és sovint– s'aparta i es posa en un calaix o s'esborra directament. D'aquesta manera acostuma a passar que podem conèixer millor els detalls concrets de l'ofensiva sobre Trípoli dels rebels libis, però no assabentar-nos d'una plaça de Sant Jaume plena de metges i metgesses en protesta contra les retallades del Govern. Informació pot ser contrainformació.La socialització d'Internet ha permès una escletxa de democratització en aquesta rígida rutina que s'esdevenia ja des dels temps de l'adveniment del grans mitjans de comunicació en les societats de masses. —*Tu fes la imatge, que jo faré la guerra!* Deia Hearst abans de l'esclat del Maine.[263]

En les actuals revolucions on la informació és tramesa mitjançant breusmissatges de *twitter* o *whatsapp* s'envien viralment imatges i textos que fan de peus de foto de la imatge i que *"constitueixen un missatge paràsit, destinat a connotar la imatge"*. [264] Aquestes imatges i aquests missatges de menys de 140 caràcters han fet saltar règims com els de Tunísia o Egipte, Algèria i Líbia. Nombrosos països – la Xina,[265] Bielorússia[266] i fins a 24 països més d'arreu del

---

[263]SINCLAIR, U.: *The Brass check: a study of American journalism*. University of Illinois, 2003, pàg. 254.

[264]GUBERN, R.: *La mirada opulenta. Exploración de la iconosfera contemporánea*. Barcelona: Gustavo Gili, 1987, pàg. 167.

[265] http://www.tecnotitulares.com/actualidad/china-califica-de-inaceptables-las-acusaciones-de-interferencias-en-servicio-de-gmail/

[266] http://www.lavanguardia.com/internacional/20110702/54179771200/bielorrusia-bloquea-las-

---

món[267] entre els que cal incloure ara a una Anglaterra *sense complexos*[268]– recorren sovint al control d'Internet, al control de la intercomunicació entre els ciutadans sense intermediaris. El cas de Síria és paradigmàtic: allí per primera vegada s'experimenta, no amb la tancada total d'Internet, sinó amb la tancada selectiva i amb el rastreig d'opositors mitjançant plataformes com el *facebook*.[269] El poder està aprenent a controlar els nous mecanismes del món global. Cauen –i cauran– més sovint encara en la temptació de dificultar, de prohibir o d'emprar com a forma de control l'accés a les xarxes socials i a Internet, lloc virtual on infinitat d'imatges són socialitzades *viralment* creant una acceleració de processos difícilment controlable.

Per acabar aquesta discussió no ens podem estar de meravellar-nos del doble rol que tenen les imatges en la actualitat. Tant ens poden deixar estabornits al sofà de casa nostra per una simple acumulació de missatges absurds, com ens poden fer aixecar el cul per acostar-nos indignats a una plaça major. La lluita està servida i la tenim davant nostre. En definitiva es tractarà de ser un ciutadà o ser un ilota. I per no ser això últim –un nou ilota grec– ens caldrà buscar nosaltres mateixos la informació, saber llegir les imatges que se'ns proporciona i lluitar perquè no es censuri la tramesa lliure d'informació. No se'ns escapa que per a la majoria de gent no es compleix cap de les tres premisses esmentades més amunt. Els caldrà fer l'esforç, respecte a les imatges que els han estat seleccionades, de veure-les més que mirar-les. I de fer l'exercici de dissociar-les dels text o les veus que les acompanyen. És fer l'esforç de veure les coses tal com són sense deixar-nos influir pel discurs induït.

---

redes-sociales-para-impedir-manifestaciones-opositoras.html
[267] Hi ha una extensa informació d'aquest control a la web de *"Reporteros sin fronteras"*
http://www.rsf-es.org/grandes-citas/dia-contra-censura-en-internet/
[268] http://www.bbc.co.uk/news/technology-14493497
[269] http://www.cuartopoder.es/mecanicamente/los-dictadores-aprenden-a-usar-internet/383

La ciutadania és alguna cosa més que ser l'amo de casa (de *"la república independiente de tu casa'*[270]) o saber que tenim un dret universal a tenir –més aviat de pagar– Internet (*"todo el mundo tiene derecho a internet'*[271]). La defensa del que s'ha aconseguit consistirà més aviat a practicar una educació visual que detecti les alteracions de significat de la imatge en relació amb el text. Ser ciutadà significarà –també– ser competent per calibrar el valor de cada imatge que s'està transmetent a través les anomenades *xarxes víriques* i fer-ne una lectura en el context, però més enllà del text. La fotografia pot ser documental en la mesura que pugui determinant-se a què fa referència. Però aquesta relació entre atribució i imatge és extremadament fràgil. Ja ho advertia *Life* als seus lectors el 1937: *"Photographs do not lie, but the impressions that make and the captions attached to them often do"*. [272] Això no obstant, la imatge fotogràfica té, en aquesta fràgil relació, la possibilitat de contenir una certa quantitat de *veritat* (*veritat,* un com més, en minúscules i en cursiva). La clau serà saber destriar la propaganda entre altres mètodes de comunicació amb imatges, sense deixar-nos envair per "la il·lusió referencial", anant sempre sobre una corda molt prima que va entre l'escepticisme radical del discurs postmodern i l'innocent i conformista "això és, i això ha estat".

---

[270] Publicitat d'*Ikea* de l'any 2010.
[271] Publicitat d'*Orange* de l'any 2010.
[272] Revista *Life*, 25 d'octubre de 1937.

VI· *Post scriptum*

"No existeix cap altre art amb una capacitat democràtica tan gran com la fotografia"

Manuel Álvarez Bravo

Hill, P.; Cooper, T.: *Dialogo con la fotografia.*

Barcelona: Gustavo Gili, 1980

VII· Bibliografia

Abans d'abordar l'aspecte bibliogràfic es vol tornar a advertir que en el següent llistat d'obres no estan tots els títol que probablement haurien d'estar en un treball com aquest. Ja s'ha dit a l'apartat núm. I (aspectes historiogràfics) que la relació d'obres referents a la GCE és inesgotable i que l'esperit del treball no residia a fer un pulcre i ordenat "estat de la qüestió" que obligués a incloure si més no tots aquells títols referencials.

No obstant, la llista d'obres emprades, consultades o simplement de referència és llarga. La quals cosa ha obligat a dividir-la en tres grans blocs:

· sobre la Guerra Civil Espanyola.
· sobre fotografia, estètica, premsa i propaganda.
· sobre fotografia, premsa i propaganda a la Guerra Civil Espanyola.

Sobre la GCE:

· ABELLA, R.: *La vida cootidiana durante la Guerra Civil. La España Nacional.* Barcelona: Planeta, 2004.
· ABELLA, R.: *La vida cotidiana durante la guerra. La españa Republicana.* Barcelona: Planeta, 2004.
· ADILLÓN I BAUCELLS, M.: *POUM: el desarme de la división 29.* (http://www.inisoc.org/adillon.htm)
· ALCALÀ, C.: *Els nens de l'exili 1936-1939. Històries d'un èxode oblidat.* Columna, 2006.
· ALCÁNTARA, C.: *Els nens de l'exili. 1936-1939. Històries d'un èxode oblidat.* Barcelona: Columna, 2006.
· ALONSO, B.: *La flota republicana y la guerra civil de España.* Espuela de plata, 2006.
· ALPERT, M.: *La guerra civil española en el mar.* Siglo XXI de España Editores, 1987.
· ANDREASSI, A.; GALLEGO, F.; MORENTE VALERO, F.(ed.): *Fascismo en España: ensayos sobre los orígenes sociales y culturales del franquismo.* El viejo topo, 2005.
· BEEVOR A.: *La Guerra Civil Española.* Barcelona: Crítica, 2005.
· BLANCO RODRÍGUEZ, J.A.: *La historiografía de la guerra civil española.* HISPANIA NOVA. Revista de Historia Contemporánea. Número 7. 2007. http://hispanianova.rediris.es
· BRENAN, G.: *El laberinto español. Antecedentes sociales y políticos de la guerra civil.* Barcelona: Backlist, 2008.
· BOLLOTTEN, B. : *The Spanish Civil War: Revolution and Counterrevolution.* Chapel Hill: University of North Carolina Press, 1991.
· BONAMUSA, F.: *Andreu Nin y el movimiento comunista en España (1930-1937).* Anagrama, 1977.
· BONAMUSA, F.: *La guerra a Catalunya 70 anys.* Dintre de Pagès i Blanch, P. (dir.): *La guerra civil als països catalans.* València: Universitat de València, 2007.
· CARDONA, G.: *Historia Militar de una Guerra Civil. Estrátegias y tácticas de la guerra de España.* Flor del viento, 2006.
· CASANOVA, J.: *Anarquismo y revolución en la sociedad rural aragonesa, 1936-1938.* Barcelona: Crítica, 2006.
· CREGO NAVARRO, R.: *La colonias escolares durante la Guerra Civil. (1936-1939) Espacio, Tiempo y Forma,* Serie V, H." Contemporánea, n." 2, 1989
· DA, (RISQUES, M. Coord.): *Visca la República!* Barcelona: Proa, 2006.
· DA, (MALEFAKIS, E. dir.): *La Guerra Civil Española.* Taurus, 2006.
· DA, (REQUENA GALLEGO, M. ; SEPÚLVEDA LOSA, R.M. Cord.): *La sanidad en la Brigadas Internacionales.* Cuenca: CEDOBI, 2006.
· DA, (ALÍA MIRANDA,F. I DEL VALLE CALZADO COORD.): : *La guerra civil en Castilla-La Mancha, 70 años después: actas del Congreso.* Ediciones de la Universidad de Castilla la Mancha, 2008.

· DI MICHELE, A (coord.) *Legionari : italians de Mussolini a la guerra d'Espanya/Italianos de Mussolini en la guerra de España, 1936-1939.* Barcelona: Generalitat de Catalunya, Museu d'Història de Catalunya, 2007.

· ESPINOSA MAESTRE, F: *La columna de la muerte: el avance del ejército franquista de Sevilla a Badajoz .* Crítica, 2003.

· FIGUERES, J.M.: *Entrevista a la Guerra. 100 converses: de Lluís Companys a Pau Casals.* Barcelona: La esfera de los Libros, 2007.

· FONTANA, J. i VILLARES, R. (directors): *Historia de España* Vol.8. Critica/marcial Pons. 2007.

· GALLEGO MARGALEF, F.: *Barcelona, mayo de 1937: la crisis del antifascismo en Cataluña.* Barcelona: Debate, 2007.

· GARCÍA DELGADO, J.L.; TUÑON DE LARA, M.: *El primer franquismo: España durante la Segunda Guerra Mundial.* Madrid: Universidad Internacional Menéndez Pelayo, Siglo XXI, 1989.

· GARCIA OLIVER, J., *El eco de los pasos: el anarcosindicalismo en la calle, en el Comité de Milicias, en el gobierno, en el exilio.* Paris: Ruedo Ibérico, 1978.

· GOVERN DE LA GENERALITAT/ TARRADELLES, J.: *Crònica de la Guerra Civil. Crònica diària de la Generalitat de Catalunya.* (2 vol.). Barcelona: DAU, 2008.

· GIBSON, I.: *The death of Lorca.* J. P. O'Hara, 1973.

· GUILLAMÓN, A.: *Barricadas en Barcelona La CNT de la victoria de Julio de 1936 a la necesaria derrota de Mayo de 1937.* www.edicionesespartaco.com/libros/barricadas.pdf

· GIRALT I RABENTÓS, E. (dir.): *El Franquisme i l'oposició: una bibliografia crítica (1939-1975).* Barcelona: Enciclopèdia Catalana, S.A, 1981.

· HURTADO, V. SEGURA, A.; VILLARROYA,J.: *Atles de la Guerra civil a Catalunya.* Edicions DAU, 2007.

· JACKSON, G.: *La república española y la guerra civil.* Barcelona: Critica, 1976.

· KOLTSOV, M.: *Diario de la guerra de España. (pròleg. de Paul Preston).* Barcelona: BackList, 2009.

· KOWALSKY, D. : *La Unión Soviética y la guerra civil española. Una revisión crítica.* Critica, 2004.

· LA CRUZ, FRANCISCO: *El alzamiento , la revolución y el terror en Barcelona,* Ed. España, 1943.

· LANGDON-DAVIES, J.: *Detrás de las barricadas españolas (Amb introduccions de Paul Preston y Nigel Chapman) ;* traducció de Yolanda Fontal y Carlos Sardiña. Barcelona: Península, 2009.

· LEDESMA, J.L. : *Los días de llamas de la revolución. violencia y política en la retaguardia republicana de zaragoza durante la guerra civil .* Institución Fernando el Católico, 2003.

· MALEFAKIS, E.: *Agrarian reform and peasant revolution in Spain: Origins of the Civil War.* Yale U.P. 1970.

· MARÍN, M.: *Historia del Franquisme a Catalunya.* Lleida: Ed. Pagès, 2006.

· MIR, C.; AGUSTÍ, C.; GELONCH, J. (ed.):*Pobreza, marginación, delincuencia y políticas sociales bajo el franquismo.* Lleida: Universitat de Lleida, Servei de Publicacions, 2005.

· MIR, C.: *Vivir es sobrevivir: justicia, orden y marginación en la Cataluña rural de posguerra.* Milenio, 2000.

· MOLINERO, C.; YSÀS, P. : *La anatomía del franquismo. De la supervivencia a la agonía.1945-1977.* Contrastes, 2008.

· MORENTE VALEO, F. : *La depuración del Magisterio nacional (1936-1943): La escuela y el Estado Nuevo.* Valladolid, 1997.

· MUNIESA, B.: *Dictadura y transición. La España lampedusiana. I: La dictadura franquista. 1939-1975.* Barcelona: Publicacions de la Universitat de Barcelona, 2005.

· PAGÈS I BLANCH, P. : *Cataluña en guerra y en revolución (1936-1939).* Espuela de Plata, 2007.

· PÉREZ, J. *Historia de España.* Crítica, 2002.

· PRESTON, P.: *La guerra civil española.* Debate, 2006.

· PRESTON., P.: *Las tres españas del 36.* Plaza y Janés,1998.

· PRESTON, P.: *L'holocaust Espanyol. Odi i extermino durant la Guerra Civil i després.* Barcelona: Base, 2011.

· PRESTON, P. *Franco Caudillo de España.* Grijalbo,1994.

· PRESTON, P.: *Botxins i repressors. Els crims de Franco i els franquistes.* Base, 2006.

· PRESTON, P CAMPRODÓN, T, FALCÓN, D. .: *Franco caudillo de España.* Grijalbo, 1998.

· PONS PRADES, E.: *Las escuadras de la muerte. La represión de los sublevados.* Flor de Viento, 2006.

· PUIGSECH, J.: *Entre Franco y Stalin. El difícil itinerario de los comunistas en Cataluña, 1936-1949.* Editorial Ediciones de Intervención Cultural, S.L, 2009.

· ORTEGA VILLODRES, C. : *Participación y abstención electoral: la segunda república en perspectiva comparada.* http://www.ciere.org/CUADERNOS/Art%2049/participaci%C3%B3n.htm
· ORTIZ. J: *Del golpe militar a la Guerra Civil. Sevilla, 1936.* Sevilla: RD Editores, 2006.
· ORWELL, G.: *Homage to Calalonia.* Benediction Classics, 2010.
· PAYNE, S. G.: *La revolución española.* Argos, 1977.
· RAGUER, H.: *La espada y la cruz: la Iglesia 1936-1939.* Barcelona: Bruguera, 1977.
· RODRIGO, J.: *Hasta la raíz: violencia durante la Guerra Civil y la dictadura franquista.* Alianza Editorial, 2008.
· RUNACRE, W.: *Columna los Aguiluchos Retrato de un general anarquista La carrera Militar del Mayor General Miguel García Vivancos.- (document sense paginar) www.sbhac.net/Republica/Externos/ColumnaAguiluchos.doc*
· SALAS LARRAZABAL, R.: *Historia del Ejército Popular de la República.* Madrid: La Esfera de los Libros, 2006.
· SERRALLONGA I URQUIDI, J.: *Refugiats i desplaçats dins la Catalunya en guerra, 1936-1939.* Barcelona: Base, 2004.
· SOLÉ SABATÉ J.M. ; VILLARROYA, J. : *Catalunya sota les bombes (1936-1939).* Barcelona: Publicacions de L'Abadia de Montserrat (Col. Abat Oliva), 1986.
· SOUTHWORTH, H.R.: *El mito de la cruzada de Franco: crítica bibliográfica.* París: Ruedo Ibérico, 1966.
· THOMAS, H.: *El mito de la cruzada de Franco: crítica bibliográfica.* París: Ruedo Ibérico, 1961.
· TUÑON DE LARA, M.; AROSTEGUI, J.; VIÑAS A. , CARDONA G.; BRICALL, J.M. : *La Guerra Civil 50 años después.* Baarcelona: Editorial Labor, 1985.
· TUÑON DE LARA, M.: *La España del siglo XX.* París: Librería Española, 1966.
· TUSELL, J.: *Vivir en Guerra.* Madrid: Sílex, 2003.
· UGARTE, J.: *Una discriminación universal: la homosexualidad bajo el franquismo y la transición.* Barcelona: Colección G. , 2008.
· VINYES, R.: *La presencia ignorada. Cultura comunista a Catalunya.* Barcelona: Edicions 62, 1989.
· VINYES, R.; ARMENGOU, M.; BELIS, R.: : *Los niños perdidos del franquismo.* Debolsillo, 2003
· VIÑAS, A.: *La Alemania Nazi y el 18 de julio. Antecedentes de la intervención alemana en la Guerra Civil española.* Madrid: Alianza Universal, 1977.
· VIÑAS, A., *El oro de Moscú. Alfa y Omega de un mito franquista.* Barcelona: Grijalbo, 1979;

Sobre fotografia, estètica, premsa i propaganda:

· ABOUT, I. I CHÉROUX, C., *L'histoire par la photographie, Études Photographiques,* nº 10, novembre. París: Société Française de Photographie, 2001.
· ADES, D.: *fotomontaje* 2002. Barcelona: Gustavo Gili, 2002.
· BAEZA, J.: *Por una función crítica de la Fotografía.* Barcelona: Gustavo Gili, 1990.
· BALANDIER, G.: *El poder en escenas.* Barcelona: Paidós, 1994.
· BARTHES, R.: *La chambre claire. Note sur la photographie.* París: Cahiers du Cinéma, 1980.
· BENJAMIN, W.: *Pequeña historia de la fotografía.* En *Sobre la fotografía.* València: Pre-Textos, 2004.
· BOURDIEAU, P.: *Un arte medio: ensayo sobre los usos sociales de la fotografía..* Barcelona: Gustavo Gili, 2003.
· BRAUM, E. *Mario Sironi and Italian Modernism. Art and politics under Fascism.* Cambridge University press, 2000.
· CAPA, R.: *Ligeramente desenfocado.* Madrid: La Fábrica cop., 2009.
· CATALÀ ROCA, F.: *Impressions d'un fotògraf. Memòries.* Barcelona: Edicions 62, 1995.
· CHEVRIER, J.F.; RIVALTA, J. (dir.): *La fotografía entre las bellas artes y los medios de comunicación.* Barcelona: Gustavo Gili, 2006.
· CHÉROUX, C.: *Du bon usage des images.* En: *Mémoire des camps. Photographies des camps de concentration et d'extermination nazis (1933-1999).* París: Marval, 2001.
· DA, (MARIE-LOUP SOUGEZ coord.): *Historia General de la fotografía.* Madrid: Ediciones Cátedra, 2007.
· DA: *"Antes y después de Magnum"* a *Magnum 50 años de fotografías.* Madrid: Electa, 1993.
· DA: *Lazlo Moholy-Nagy: El arte de la luz.* La Fábrica Editorial, 2010.
· DA, (SÁNCHEZ DURA, N. COOR.) : *Guerra técnica y fotografía.* València: Universitat de València, 2000.

· DA, (MAINER, J. C. Dir.): *Historia de la literatura española.;* GRACIA, J. ; RÓDENAS, D.: *7. Derrota y restitución de la modernidad. 1939-2010.* Crítica, 2011.
· DÍAZ NOCI, J.: *'Nacimiento y recepción del diseño moderno. Las publicaciones en lengua vasca (1921-1936)'.* A ZER, REVISTA DE ESTUDIOS DE COMUNICACIÓN, n° 4, 1998.
· DIDI-HUBERMAN, G.: *Imágenes pese a todo. Memoria visual del Holocausto.* Barcelona: Paidós, 2004.
· EVANS, D.: *John Heartfield Arbeiter Illustrierte Zeitung / Volks Illustrierte 1930-1938.* Nova York: Kent, 1992.
· FLUSSER, V.: *Arte y Técnica. Vilém Flusser sobre arte, aparatos y funcionarios.* Article publicat a *Artefacto/6 – 2007 -* www.revista-artefacto.com.ar
· FLUSSER, V.: *Una filosofía de la fotografía.* Núm 5 de *El Espíritu y la letra.* Síntesis, 2001.
· FREUND, G.: *La fotografía como documento social.* Barcelona: Gustavo Gili, 1976.
· FONCUBERTA, J.: *La cámara de Pandora. La fotografí@ después de la fotografía.* Barcelona: Gustavo Gili, 2010.
· FONCUBERTA, J.: *Ciencia y fricción. Fotografía, naturaleza, artificio.* Mestizo A.C, 1998.
· FONCUBERTA, J.: *El beso de Judas. Fotografía y verdad.* Barcelona: Gustavo Gili, 1997.
· FONCUBERTA, J. (ed): *Fotografía: Crisi de Historia.* Actar, 2002.
· FONTCUBERTA, J. : *El beso de Judas. Fotografía y verdad,* Barcelona: Gustavo Gili, 1997.
· FREUND, G.: *La fotografía como documento social.* Barcelona: Gustavo Gili, 1976.
· FRIZOT, M. (coord.): *Nouvelle histoire de la photographie.* Larousse, 2001.
· FROMM, E: *La Revolución de la Esperanza.* FCE. México D.F. 1970.
· GIANNONE, F.: *Reconstruccione Virtualle della Mostra della Rivoluzione Fascista.* Tesi doctoral de l'*Università di Bolonia,* 2009.
· GERSHEIM, H.: *Concise History of Photography.* Peter Smith Pub Inc., 1986.
· GOMBRICH, E. H.: *Art and Illusion. A Study in the Psychology of Pictorial Representation.* Nova York: Pantheon Books, 1961.
· GÓMEZ GARCIA, Á.: *Dicho sencillamente: Arte y terror.* SD Edicions, 2008.
· GÓMEZ REDONDO, M.J.: *El objeto fotográfico: la fotografía como representación.*Tesi de doctorat. Direcció: Joaquín Perea González. Madrid: Universidad Complutense de Madrid, 2004. (pdf a eprints.ucm.es/1718/)
· GUBERN, R.: *La mirada opulenta. Exploración de la iconosfera contemporánea.* Barcelona: Gustavo Gili, 1987.
· HEARTFIELD, J.: *Guerra en la paz. Fotomontajes sobre el período 1930-1938.* Barcelona: Gustavo Gili. 1976.
· HILL,P. COPER, T.: *Diálogos con la fotografía.* Barcelona: Gustavo Gili, 1980.
· HUHTAMO ERKKI: *On the Origins of the Virtual Museums.* California: University of California, 2002. www.fixxxer.altervista.org/pdf/huhtamo.pdf
· JÜNGER, E. : *Sobre el dolor.* Barcelona: Tusquets, 1995.
· JÜNGER, E.: *Pasados los setenta I.* Barcelona: Tusquets, 2006.
· KRACAUER, S. :*La fotografía y otros ensayos. El ornamento de la masa I.* Barcelona: Gedisa, 2008.
· KRIEBEL, S.: *Manufacturing Discontent: John Heartfield's Mass Medium.* (cora.ucc.ie/bitstream/10468/215/1/Kriebel_HeartieldSuture.pdf)
· LÉCUYER, R.: *Histoire de la photographie.The Sources of modern photography.* Arno Press, 1979.
· LÉMAGNY, J.C.; ROUILLÉ, A. : *A History of photography: social and cultural perspectives.* Cambridge University Press, 1987
· LEO, V. (1985). *The Mushroom Cloud Photograph: From a Fact to a Symbol,* Afterimage, n° 13. 1985. Rochester (Nova York). Visual Studies Workshop, 1985.
· LÓPEZ RASO, P.: *100 estrategias de escenificación en el fotoperiodismo de agencia.* (Pdf a *e-archivo.uc3m.es/bitstream/10016/8921/1/cien_lopez_ICT_2002.pdf)*
· VALDIVIESO, M.: *Lucia Moholy: la fotógrafa de la Bauhaus.* Universitat de Lleida. (www.ucm.es/BUCM/revistas/bba/11315598/.../ARIS9898110213A.PDF)
· MORELLI, A.: *Principios elementales de la propaganda de Guerra.* Brussel·les: CEC, 2001.
· MOHOLY-NAGY, L.: *Pintura, fotografia i cine i altres escrits.* Barcelona: Gustavo Gili, 2005.
· NEWHALL, B.: *Historia de la fotografía.* Barcelona, Gustavo Gili, 2002.
· NICHOLS, B.: *La Representación de la Realidad.* Barcelona: Paidós, 1999.

· PIERCE, C. S.: *La ciencia de la semiótica.* Buenos Aires: Nueva Visión. 1974.
· POLLACK, P.: *The picture history of photography: from the earliest beginnings to the present day.* Michigan. H. N. Abrams, 1969.
· PONSONBY, A.: *Falsehood in War-Time: Containing an Assortment of Lies Circulated Throughout the Nations During the Great War.* Nova York: E. P. Dutton, 1929.
· ROSLER, M.: *Imágenes públicas. La función política de la imagen.* Barcelona: Gustavo Gili, 2007.
· SINCLAIR, U.: *The Brass check: a study of American journalism.* University of Illinois, 2003.
· SLOTERDIJK, P.: *Temblores de aire. En las fuentes del terror.* València: Pre-Textos, 2003.
· SONTAG, S.: *Sobre la fotografía.* Barcelona: Edhasa, 1979
· SONTAG, S.: *Ante el dolor de los demás.* Madrid: Alfaguara, 2003.
· SONTAG, S.: *Las imagenes de la Infamia.* Suplemento Domingo del *El País*, 30 de Maig de 2004.
· SOUGEZ, M.L.: *Historia general de la fotografía.* Cátedra, 2007.
· SOUGEZ, M.L.; PÉREZ GALLARDO, H.: *Diccionario de historia de la fotografía.* Madrid: Ediciones Cátedra, 2003.
· SOUSA, J. P.: *Historia de la crítica del fotoperiodismo occidental.* Sevilla: Comunicación Social, 1977.
· STIMSON, B.: *El eje del mundo. Fotografía y nación.* Barcelona: Gustavo Gili, Col. Fotografía, 2009.
· STONE, M.: *The anatomy of a propaganda event: the mostra della rivoluzione fascista.* Princeton University, 1992.
· SZARKOWSKY, J. : *The photographer's eye.* New York: Museum of Modern Art, 2007
· TIMOTEO, J. :*Historia y modelos de la comunicación en el siglo XX. El nuevo orden informativo.* Barcelona: Ariel, 1992.
· VIGNEAU, A. : *Encyclopédie photographique de l'art: The Photographic encyclopaedia of art, Volumen 3.* Éditions "Tel". 1938.
· ZUZUNAGA, M.: *Instantaneidad y proximidad en la obra de André Kertész.* Tesi Doctoral, Facultat de belles arts, Barcelona: Universitat de Barcelona, 2004-2005.
· ZWEIG, S.: *The world of yesterday: an autobyography.* Hesperides press, 2008.

Sobre fotografia, premsa i propaganda a la Guerra Civil:
· ABELLÁN, M.: *Censura y literaturas peninsulares.* Amsterdamm: Rodopi, Universidad Castilla La Mancha. 1987.
· AGUSTÍN MANCEBO, J.: *El comunismo español a través de sus imágenes (1931-1936).*
(Article en pdf a www.uclm.es/profesorado/juanmancebo/descarga/.../Comunismo.pdf).
· ALONSO, M. Amb la col·laboració de TELLO, A.: *Antonio Machado poeta en el exilio.* Antrophos, 1985.
· ALIX, J. : *Pabellón español. Exposición Internacional de París, 1937.* Barcelona: Museo Nacional Centro de Arte Reina Sofía, 1987.
· AGUILAR BERMÚDEZ, R.; MARTÍN GARCÍA, P.: *La propaganda franquista en la revista "Fotos".* www.ull.es/publicaciones/latina/.../85cal.htm
· BALIUS I JULI, R.: *Francisco Pérez Mateo un escultor ocultado e ignorado. En PDF. femede.es/documentos/Arte%20estadio_154_136.pdf*
· BALSELLS, D., BERRIO, J. RIGOL, J.: *La Guerra Civil Espanyola : fotògrafs per a la història : [catàleg de l'exposició].* Barcelona: MNAC, 2001.
· BASILIO, M.: *Genealogies for a new state: painting and propaganda in franco's spain, 1936-1940.* Detroit: Project Muse, Wayne State University Press, 2002.
· BERRIO, J.: *Un segle de recerca sobre comunicació a Catalunya: estudi crític dels àmbits de comunicació de massa.* Barcelona: UAB (servei de publicacions), 1997.
· BIZCARRONDO, M.; ELORZA, A.: *Queridos camaradas: la Internacional Comunista y España, 1919-1939.* Planeta, 1999.
· BOX, Z.: *España, año cero: la construcción simbólica del franquismo.* Madrid: Alianza, 2010.
· BOZAL, V. : *Vanguardia artística y realidad social: 1936-1976.* Barcelona: Gustavo Gili, 1976.
· CANTIERI,G.; ROMAGUERA I RAMIÓ, J.: *Fotografía e información de guerra: España 1936-1939.* Barcelona: Gustavo Gili, 1977.
· CENTELLES, A.: *Diari d'un fotògraf, Bram 1939.* Destino, 2009.

· CENTELLES, A.; CENTELLES OSSÓ, A.; BERGA, M.: *Centelles: las vidas de un fotógrafo, 1909-1985.* Lunwerg Editores, 2006.
· CONESA, C.: *Agustí Centelles : la lucidez de la mejor fotografía de guerra.* Madrid: La Fábrica, Tf Editores, DL, 1999.
· DA (introducció de Stanley G.Payne): *Imágenes inéditas de la Guerra Civil. 1936-1939.* Agencia EFE, 2002.
· DA: *Fotógrafo de guerra : España 1936-1939* / coordinació i lectura d' imatges: Lolo Rico ; lectura evocativa: Manuel Fernández Cuesta ; pròleg: Mariano Asenjo ; epíleg: Victoria Ramos ; diseny y maquetació: María Alba ; tractament fotogràfic i fotografia de portada: Mar Marcos. Publicació Hondarribia : Argitaletxe Hiru, DL, 2000.
· DA: *Fotografía e información de guerra : España 1936-1939.* Bienal de Venecia, Publicació Barcelona [etc.], Gustavo Gili, 1977.
· DA: *Catàleg de la exposició Agustí Centelles (1909-1985). Fotoperiodista.* Fundació Caixa de Catalunya, 1989.
· DA: *La guerra civil espanyola. Fotògrafs per a la Història.* MNAC i ANC, 2002.
· DA: *Los rusos en la guerra civil de España.* Madrid: Fundación Pablo Iglésias, 2009.
· DA: *Fotògrafes pioneres de Catalunya.* Barcelona: Institut Català de les Dones, Generalitat de Catalunya, 2005.
· DA: Museu de la Ciència i de la Tècnica de Catalunya: *La Força de la imatge: 150 anys de fotografia.* Generalitat de Catalunya, Departament de Cultura. 1990.
· DA, (BORJA DE RIQUER cord.): *Història, Política, Societat i Cultura dels Països Catalans. Volum 9. De la gran esperança a la gran ensulsiada. 1930-1939.* Barcelona: Enciclopèdia catalana, 2001.
· DE ANDRÉS, J. ; CUELLAR, J.: *Atlas ilustrado de la Guerra Civil Española.* Prólogo de Paul Preston. Madrid: Susaeta, 2005.
· DE PABLO, S.: *El bombardeo de Guernica visto por el cine: símbolo, memoria y mitificación.* En MONTERO, J. i CABEZA, J., *Por el precio de una entrada. Estudios de historia social del cine.* Madrid: Rialp, 2004.
· DE SANTIAGO, M.A.: *Análisis de la fotografía de prensa en españa durante la guerra civil (1936-39). imágenes de guerra en el abc de madrid y en la vanguardia de barcelona. Madrid:* USP, 2004.
· DOMÉNECH FABREGAT, H.: *Pequeña historia sobre una fotografía: "el miliciano muerto", por Robert Capa. I Congreso de Teoría y Técnica de los medios Audiovisuales: El análisis de la imagen Fotográfica.* Castelló: Universitat Jaume I. (www.photographers.it/articoli/cd_capa/img/fabregat.pdf)
· FABRÉ, J.: *Història del Fotoperiodisme a Catalunya, 1885-1976.* Barcelona: Ajuntament de Barcelona y AGFA, Catàleg de la exposició en el Palau de la Virreina del 14 de març al 29 de abril de 1990. (http://tdx.cat/bitstream/handle/10803/1377/3.Contexto_fotografico.pdf?sequence=6)
· FARIÑAS, J. , GIL, G. ; NARANJO J.: *Fotografía i societat. (I a VIII).* L'avenç. 1991-1992.
· FORMENT, A.: Josep Renau. Vida y obra. VIII seminari Pensament per la Pau, Artistes en temps de Guerra Universitat Internacional de la Pau. Març de 2011.(www.gabinetecomunicacionyeducacion.com/.../VIII-SeminariPensamentPau2011.pdf)
· FONTANA, J. (coord.): *Guerra Civil. Visions de guerra i de rereguarda.* Visions. 1977.
· FONTAINE, F.: *La guerre d'Espagne. Un déluge de feu et d'images.* París: BDIC, 2003.
· GABINO CAMPOS, M. :*Reflexiones sobre ABC republicano a través de su director, Elfidio Alonso Podríguez,* en Revista latina de Comunicación Social, 22. (http://www.ull.es/publicaciones/latina/a1999coc/29VAgabi.htm)
· GARCÍA LÓPEZ, S. : *Robert Capa y Henri Cartier-Bresson: a la captura del azar en el instante decisivo.* www.uv.es/imagengc/articulos/RC_HC_Captura.pdf
· GARCIA LÓPEZ, S.: *El cine del Cultural Front y la guerra civil española:. Las películas de Frontier Films (www.uv.es/imagengc/articulos/el_cine_del_cultural_front.pdf)*
· GRACIA, J.: *La resistência silenciosa. Fascismo y cultura en España.* Barcelona: Anagrama, 2004.
· GÓMEZ MONTPART, J. L.: *L'origen de la comunicació visual de masses. 1936-1939 (*en pdf a Internet) *(ddd.uab.cat/pub/analisi/02112175n13p129.pdf)*
· GÓMEZ MOMPART, J. Y TRESSERRAS, J.: *La reorganización del sistema informativo durante la guerra.* Ariel. Barcelona. 1989.

· GUBERN, R. *1936-1939, la guerra de España en la pantalla: de la propaganda a la historia.* Barcelona: Filmoteca Española. 1986.
· GUBERN, R.: *La producción anarquista. España en Armas. El cine de la guerra civil española.* Sánchez-Biosca (ed). València: Col·lecció Quaderns del MuVIM (sèrie Minor), 2007. (Article digital en pdf: http://www.uv.es/imagengc/articulos/produccion_anarquista.pdf)
· HUERTAS CLAVERIA, J.M.: *Catalunya en guerra i en postguerra. Fotografies de Josep Maria Pérez Molinos.* Viena Edicions, 2005.
· IGLÉSIAS, F.: *Historia de una empresa periodística. prensa española, editora de abc y blanco y negro (1891-1978). MADRID:* Prensa Española S.A., 1980.
· IGLÉSIAS RODRÍGUEZ, G.: *La propaganda política durante la Guerra civil Española. La España Republicana.* Director de la Tesi: Antonio Fernández Garcia, U.C. Madrid. http://eprints.ucm.es/2377/
· LALLANA GARCÍA, F. : *El color en la prensa diaria.* Madrid: Universidad Complutense, 1988.
· LEFEBVRE, M.; SKOUTELSKY, R.: *Las Brigadas Internacionales, Imagenes Recuperadas.* Barcelona: Lunwerg Editores. 2003.
· LLORENTE HERNÁNDEZ, A.: *La construcción de un mito.*
(Article digital en pdf,
http://www.uv.es/imagengc/articulos/La%20construccion%20de%20un%20mito.pdf)
· LÓPEZ MONDEJAR, P.: *Las fuentes de la memoria.Vol.I.* Lunwerg, 1989.
· LÓPEZ MONDEJAR, P.: *Las Fuentes de la memória II; Fotografía y Sociedad en España. 1900-1939.* Barcelona: Lunwerg Editores, 1992.
· LÓPEZ MONDEJAR, P.: *Historia de la fotografía en España.* Barcelona: Lungwerg Editores, 1997.
· LÓPEZ MONDEJAR, P.: *Luís Escobar, el fotógrafo de un pueblo.* Barcelona: Lunwerg Editores, 2001.
· MAINER, J. C.: *Recuerdo de una vocación generacional. Arte, política y literatura en Vértice (1937-1940).* En: *Literatura y pequeña burguesía en España. (Notas 1890-1950).* Madrid: Cuadernos para el Diálogo, 1972.
· MARTÍNEZ NOVILLO, A.: *Las artes plásticas durante la guerra civil española. Citenla y Razón,* núm. 21 Setembre-Desembre 1985.
· MARZO, J.L. (ed.): *Fotografía y activismo.* Barcelona: Gustavo Gili, 2006.
· MASPERO, F.: *Gerda Taro, la sombra de una fotógrafa.* La Fábrica, 2010.
· MAYORDOMO, A; FERNÁNDEZ SORIA, J. M.: *Vencer y convencer. Educación y Política. España 1936-1945.* València: Universitat de València, 1993.
· MIRAVITLLES, J.: *Episodis de la Guerra Civil Espanyola.* Barcelona: Editorial Pòrtic, S.A., 1972.
· MORENTE VALERO, F.: *Dionisio Ridruejo: del fascismo al antifranquismo.* Madrid: Síntesis, 2006.
· NARANJO, J.; FONTCUBERTA, P.; FORMIGUERA, P.: *Introducción a la Historia Fotográfica de Cataluña.* Barcelona: Lunwerg/MNAC, 2000.
· OBIOLS, S.: *Catalunya: imatges d'un temps (1900-1936).* Espasa Calpe, 1993.
· ORTIZ ECHAGÜE, J. :*Esto no es guernica! Fotografía y propaganda de la destrucción en la prensa durante la guerra civil española.* (www.ehu.es/zer/zer28/zer28-09.pdf)
· PANTOJA CHAVES , A.: *Prensa y Fotografía. Historia del fotoperiodismo en España.* Universidad de Extremadura. (*argonauta.imageson.org/document98.html -*)
· PARELLADA I FELIU, D. ; BUQUERAS I BACH, F.: *L'obra psiquiàtrica de Pere Felip Monlau.* (http://www.raco.cat/index.php/Gimbernat/article/view/44048/54063)
· PARER, P.: *El fons fotogràfic de la nissaga dels Merletti: mig segle de fotoperiodisme.* (http://www.iefc.es/pdf/article-galeria-merletti.pdf)
· PÉREZ CUADRADO, P.: *La evolución del código cromático de las portadas de ABC, 1936-1939.* Tenerife: a REVISTA LATINA DE COMUNICACIÓN SOCIAL, 63, pp. 174 a 188, La Laguna, 2008.
· PÉREZ MATEOS, J.A.: *ABC, Historia íntima del diario. MADRID:* Libro- Hobby, 2002.
· PESSARRODONA, M.: *França 1939. La cultura catalana exiliada.* Ara llibres, 2010.
· PIZARROSO QUINTERO, A. *Historia de la propaganda: notas para un estudio de la propaganda.* Madrid: Ediciones de la Universidad Complutense de Madrid, 1993.
· PIZARROSO QUINTERO, A.: *La Guerra Civil española, un hito en la historia de la propaganda.* El Argonauta Español, Número 2 - 2005 (http://argonauta.imageson.org/document62.html)
· PRESTON, P. : *La Guerra Civil : las fotos que hicieron historia, 1936-1939 : tres años que desafían el olvido.* Madrid. La Esfera de los Libros [etc.], 2005.

· PRESTON, P.: *Comrades : portraits from the Spanish Civil War*. London: Fontana,1999.

· PRESTON, P.: *Idealistas bajo las balas : corresponsales extranjeros en la guerra de España* (traducció de Beatriz Anson i Ricardo García Pérez). Barcelona: Debate, 2007.

· PRESTON, P.: *Los corresponsales extrajeros en la guerra civil. Amenazados, ametrallados e inspirados.* (http://cvc.cervantes.es/actcult/corresponsales/ppreston.htm)

· POLO, H.: *Un fotógrafo fascista en la guerra de España* (http://www.profesionalespcm.org/_php/MuestraArticulo2.php?id=9793)

· QUEROL I ROVIRA, C.: Buckley, H.: *Manchester, 1904 - Sitges, 1972 : corresponsal britànic del The Daily Telegraph a la Guerra Civil espanyola*. Sitges: Publicació Sitges [etc.] , Ajuntament de Sitges [etc.], DL, 2009.

· RENAU, J.: : *Constestación a Ramón Gaya; a "Hora de España"*. València: Any 1 núm. 2. Febrer de 1937.

· RIDRUEJO, D.: *Casi unas memórias*. Ediciones Península, 2007.

· RIEGO, B. .:*La historiografía española y los debates sobre la Fotografía como fuente histórica.* (www.ahistcon.org/docs/ayer/ayer24_06.pdf)

· SÁNCHEZ-BIOSCA, V.: *Propaganda y mitografía* en el cine de la guerra civil española (1936-1939). CIC *Cuadernos de Información y Comunicación* , vol. 12, Pàg. 75-94, 2007.

· SÁNCHEZ-BIOSCA, V.: *The cinematic image of Jose Antonio Primo de Rivera somewhere between a leader and a saint* SCREEN. nº50: 318-333, Oxford: Oxford University Press, 2009. (Article en pdf: http://www.uv.es/imagengc/articulos/articulo%20primo%20de%20ribera%20unido.pdf).

· SÁNCHEZ VIGIL, J.M.: *Centros de documentacion fotográfica. Estado de la cuestión.* Madrid: Universidad Complutense de Madrid. (e-archivo.uc3m.es/bitstream/10016/8927/.../centros_sanchez_ICT_2002.pdf)

· SEVILLANO CALERO, F.: *Propaganda y dirigismo cultural en los inicios del nuevo estado.* Pasado y Memória. Revista de Historia contemporánia. Instituciones y Sociedad en el franquismo. Núm. 1, Edició electrònica: Espagráfic, 2002.

· SOUTHWORTH, HERBERT R.:*La destrucción de Guernica: periodismo, diplomacia, propaganda e historia*. París: Ruedo Ibérico, 1977.

· STEER, G.: *El árbol de Guernica*. Madrid: Felmar. 1978.

· SOLÉ I SABATÉ; V. : *Guerra i Propaganda. Fotografies del Comissariat de Propaganda de la Generalitat de Catalunya (1936-1939)*. ANC i Viena   Edicions, 2005.

· TRANCHE, R.R. : *La imagen de Franco "Caudillo" en la primera propaganda cinematográfica del Régimen".* Article en pdf a la xarxa: (dialnet.unirioja.es/servlet/articulo?codigo=286673 -)

· TRANCHE, R.R. : *Corresponsales en la guerra de España.* Instituto Cervantes/Fundación Pablo Iglesias. Madrid: 2006 Revistas y guerra. 1936-1939. Madrid: Museo Nacional Centro de Arte Reina Sofía, 2007. (Article en pdf: www.uv.es/.../Corresponsales%20en%20la%20guerra%20de%20Espana.pd...)

· TRAPIELLO, A.: *Las armas y las letras: literatura y Guerra Civil (1936-1939)*. Destino, 2010.

· WHELAN, R.; CAPA, C.: CAPA, R. . *Una obra fotográfica*. Oceano/Turner. Phaidon ltd. 2001.

· ORTIZ ECHAGÜE, J. *De Guernica a Gernika (article en Internet)*, Barcelona: Ediciones de La Central, 2 vols, 2007. (www.ehu.es/zer/zer28/zer28-09.pdf)

· *Cuando las imágenes toman posición*. Madrid: Antonio Machado, *Estampas de la Guerra. Álbum nº 1: de Irún a Bilbao*. Bilbao: Editora Nacional, 2008.

· *El semanario gráfico Fotos (1937-1939): imágenes para una retaguardia*. 1990. A TUÑÓN DE LARA, M. (dir), *Comunicación, cultura y política durante la II República y la Guerra Civil*, Bilbao: Servicio Editorial de la Universidad del País Vasco, vol. 2, p. 288- 298.

· Revista *El Rastro de la Historia*. núm. 1 (http://www.rumbos.net/rastroria/rastroria01/numero1d2.htm)

VIII· Agraïments

· A Mariano Zuzunaga, fotògraf i historiador.

· A Javier Laviña, historiador i fotògraf.

· A Martín Franchi, fotògraf.

· A Max Pruden, fotògraf.

· A Eduardo Las Heras, fotògraf.

· A els germans Desola, poeta l'un, dramaturg l'altre.

· A Víctor De Mas Canals, filòleg.

· I molt especialment a l'Ariana Vall, per la seva infinita paciència.

163

www.ingramcontent.com/pod-product-compliance
Lightning Source LLC
Chambersburg PA
CBHW071716170526
45165CB00005B/2041